Wander-Erlebnis

Wandern mit den Öffis

Rund um Wien

Die 40 schönsten Touren

Ulrich Hensler

Wander-Erlebnis

Wandern mit den Öffis

Rund um Wien

Die 40 schönsten Touren

Unterwegs mit öffentlichen Verkehrsmitteln

KRAL VERLAG

Text und Bild: Ulrich Hensler
Kontakt: ulrich.hensler@gmx.at

Mein Dank gilt Sonja Franzke, welche die Arbeit an diesem Buch stets geduldig und bestens betreut hat und dem Autor alle Freiheiten eingeräumt hat, Silvia Wahrstätter für die tolle grafische Gestaltung des Buches, Lisa Veverka für die Erstellung der Karten, der Geschäftsführung des Verbands alpiner Vereine Österreichs (VAVÖ) Rudolf Kaupe sowie Petra Lorenz, meinen Freunden Gerald Radinger, Martin Moser und Christoph Velisek, die stets für eine gute Unterhaltung bezüglich einzelner Wanderrouten zu haben waren, den Kollegen von der Buchhandlung Freytag und Berndt in der Wallnerstraße, meinen Eltern Gudrun und Gerd sowie meinem Bruder Martin. Ganz besonders möchte ich mich bei Gönül und Alara bedanken, dass sie ihren Mann bzw. Papa geduldig haben wandern und schreiben lassen und ihm stets hilfreich zur Seite gestanden haben.

J.-F.-Kennedy-Platz 2, A-2560 Berndorf, www.kral-verlag.at
1. Auflage 2015

Projektleitung: Sonja Franzke, www.vielseitig.co.at
Umschlag- und Grafische Innengestaltung: Silvia Wahrstätter, www.buchgestaltung.at
Fotos: Ulrich Hensler, außer S. 133 Wikicommons / Wolfgang Glock
Karten: © BEV 2015, T2015/112047 Vervielfältigt mit Genehmigung des BEV – Bundesamtes für Eich- und Vermessungswesen in Wien; Lisa Veverka www.kamchatka.cc; S. 75 Shocart
Druck und Bindung: Generál Nyomda Kft., H-6728 Szeged
ISBN 978-3-99024-746-4

Inhalt

Inhalt

Vorwort

„Warum denn noch ein Wanderführer für die Wiener Umgebung?“ mag sich manch einer fragen. Die Antwort ist recht einfach. Weil es einen derartigen noch nicht gibt und er meines Erachtens nach eine große Lücke schließt. In meiner Anfangszeit in Wien, ohne Ahnung und Auto, habe ich mich oft gefragt: „Was könnte man für schöne Touren wandern, wenn man nur ein Auto hätte“ Im Laufe der Zeit stellte ich durch Erzählungen von Freunden und Bergkameraden, und immer mehr durch eigenes Ausprobieren fest: Man braucht kein Auto um schöne Touren zu gehen. Nur eben Kenntnis der Region und der Bahn- bzw. Buslinien. Auch ist in Zeiten des alpinen (und voralpinen) Massentourismus der Trend hin zur Anreise mit den Öffis zwar in aller Munde (auch in den alpinen Vereinen), aber oft wird wegen der „schlechten Anbindungen an die Öffis“ die Tour doch lieber mit Fahrgemeinschaften „angegangen“. Meiner Meinung nach ist dies absolut nicht von Nöten und man kann, gerade im Wiener Raum, mit einem gut ausgebauten Netz an Öffis sehr viele, wirklich schöne Touren gehen. Ein weiterer Vorteil des Wanderns mit Öffis ist die Unabhängigkeit und die Vielfalt der Möglichkeiten. Wenn man nicht zum Auto und damit zum Ausgangspunkt zurückkehren muss, sieht man nicht nur viel mehr, man kann auch seine Tour dem Wetter sowie der Tagesverfassung anpassen. Dieses Buch stellt eine Auswahl dieser Möglichkeiten dar. Und ich kann, von meinem Standpunkt aus betrachtet, behaupten: Nicht eine dieser Touren ist ein „Notnagel oder Lückenfüller“. Auch sind die meisten „Standardtouren“ im Wiener Raum fast durchgängig gut mit Öffis zu erreichen.

Ich wünsche viel Spaß beim Nachwandern. Und wer einmal etwas auf den Zug oder Bus warten muss, dem kann ich anbieten einen Blick auf die nächste Tour im Buch zu werfen, dann vergeht die Wartezeit meist etwas schneller.

Allgemeine Hinweise

Bei vielen Wanderungen, nicht nur in diesem Buch, gibt es Gefahrenstellen. Ich möchte noch einmal ausdrücklich darauf hinweisen, dass die Streckenabschnitte auf der Straße bitte nur unter besonderer Rücksichtnahme auf den Straßenverkehr zu begehen sind. Sind Kinder dabei, gilt dies natürlich in besonderem Maße.

Auch gibt es einige Touren im Buch, bei welchen Schwindelfreiheit von Nöten ist, da es an mehr oder weniger tiefen Abhängen vorbeigeht. Hier gilt natürlich auch eine bedingte Absturzgefahr, sollte man zu nah an der jeweiligen Kante stehen. Die mit „für Geübte" versehenen Strecken sollten auch nur von erfahrenen, trittsicheren Bergwanderern begangen werden. Diese sind in der Regel etwas anspruchsvoller und führen durch schwierig zu begehendes Gelände.

Die im Buch beschriebenen Touren verlaufen meistens auf markierten Wegen. Allerdings geht die eine oder andere Strecke auch über unmarkierte Wege. Das sollte Sie allerdings nicht abschrecken. Der Autor hat gerade an solchen Strecke versucht, äußerst genau zu beschreiben, wo es weitergeht. Auch hilft bei Orientierungsproblemen meist ein Blick in die Karte.

Es sind bewusst keine Öffnungszeiten, sowohl von Sehenswürdigkeiten als auch von Gasthäusern und Hütten, verzeichnet. Diese wechseln relativ häufig und auch die Urlaubszeiten sind nicht immer gleich. Hier bitte ich um telefonische Recherche oder einen Blick ins Internet unmittelbar vor der Tour. Dann ist man auf der sicheren Seite!

Zu guter Letzt noch zwei wesentliche Dinge. Wege werden gesperrt oder umgeleitet. Das kommt gelegentlich vor. Dieses Buch stellt keine „Trotzdem-Erlaubnis" aus. So leid es mir tut, aber auf gesperrten Wegen geht es nun mal nicht weiter. Bei langfristigen Sperrungen bitte ich um kurze Info an die Verlagsadresse (office@kral-verlag.at). Und ganz am Ende des Anfangs: Wanderer grüßen einander. Sollten Sie nicht wissen, ob per Du oder per Sie, reicht auch ein einfaches „Servus" oder „Hallo". Das macht das Wandern viel freundlicher!

Was pack ich ein, was nehm ich mit?

Meist ist man mit einem Rucksack unterwegs, diesen zu befüllen ist allerdings eine Kunst. Und keine Angst, man kann eine Wanderung auch ohne Ausrüstung im drei bis vierstelligen Euro-Bereich angehen. Wir arbeiten uns einmal von unten nach oben durch. Das Wichtigste sind gute Schuhe. Wer sich mit nagelneuem Schuhwerk auf den Weg macht, sollte mit Blasen rechnen. Also besser mit eingelaufenen Schuhen losgehen. Spezielle Wandersocken helfen ebenfalls, Blasen vorzubeugen. Die Hosen dürfen gerne ein paar praktische Taschen haben, um zum Beispiel die Wanderkarte darin zu verstauen und sollten bequem sein. Wer mag, nimmt welche mit Reißverschluss über oder unter dem Knie, um sie dem Wetter anpassen zu können. Der Rest der Kleidung sollte nach dem Zwiebelschalenmodell aufgebaut sein. Nicht eine dicke Schicht, sondern mehrere dünne, um sich dem Wetter und der eigenen Temperaturentwicklung anpassen zu können. Meist zieht man nach den ersten paar Metern am Berg am besten schon die äußerste Schicht aus.

In den Rucksack gehört natürlich die entsprechende Wanderkarte. Hier bieten sich Karten von Freytag & Berndt, Kompass oder die „ÖK" bzw. Bundesamtskarte an. Weiters die Jause und ausreichend zu trinken. Auch Sonnenschutz, Erste-Hilfe-Packerl, Haube, Regenjacke und Taschentücher sollten nicht

fehlen. Ein Mobiltelefon sollte auch immer mit, im günstigsten Fall mit geladenem Akku. Auch ein T-Shirt zum Wechseln im Zug auf der Heimfahrt ist meist angenehm. Auf den anspruchsvolleren Bergtouren, wie etwa auf den Schneeberg sollten auf jeden Fall noch eine warme Haube, Handschuhe und eine Jacke im Gepäck sein. Hier darf auch gerne der Biwaksack und eine Notration eingepackt werden. Schokolade hilft auch gegen fast alles. Weiters ist ein GPS natürlich ein feiner, kleiner Helfer und auch ein Höhenmesser leistet gute Dienste bei der Positionsbestimmung.

Zuletzt dürfen das vor Ihnen liegende kleine Büchlein sowie ein Bleistift oder Kugelschreiber nicht fehlen.

Besonderheiten beim Wandern mit Hilfe der öffentlichen Verkehrsmittel

Der Hauptunterschied zum Wandern mit dem eigenen Auto besteht darin, dass man sich vor der Wanderung wohl oder übel mit den Abfahrtszeiten der Busse und Bahnen auseinandersetzen muss. Bei aller bösen Rede über das Internet ist hier doch der beste Zugang die Seite www.oebb.at. Alternativ geht es auch gut über www.anachb.at. Es ist praktisch, sich eine eigene Zusammenstellung der Reisezeiten zu machen. So ist man im Bilde, wann der Wecker für die Hinfahrt klingeln muss und auch wann man sich auf den letzten zwei Kilometern der Wanderung etwas sputen muss bzw. sich etwas mehr Zeit lassen kann zum Blümchen bewundern. Am besten nimmt man wohl die reine Gehzeit plus kleinem Zeitpuffer, rechnet eine kleine oder große Jause hinzu und notiert sich dann die möglichen Reisezeiten plus minus eine Stunde. Was Verspätungen der Öffis betrifft muss ich jetzt einmal eine Lanze brechen. Kaum einmal eine Wanderung, bei welcher ein Zug oder ein Bus wirklich verspätet kam. Da ist der Ruf wahrlich schlechter als die Realität. Aber Pech kann man natürlich immer haben.

Bei einer meiner Touren ist mir übrigens, und in jenem Fall nicht optisch, eine Wanderin aufgefallen. Diese hat sich im Zug, wohl der Freiheit wegen, ihrer Schuhe entledigt. Nach einer mehrstündigen Tour bitte ich diesbezüglich um Mitleid für die Mitfahrer. Auch ein wenig reinigen sollte man die Schuhe vor Antritt der Fahrt natürlich schon, der Gatsch muss ja nicht mit in den Zug.

Die Fahrzeiten sind ab der Station Wien Mitte / Landstraße angegeben.

Abseits der Wanderung

Ich möchte auch noch das Geocaching ansprechen. Mit Wandern lassen sich viele Dinge verknüpfen, ganz besonders natürlich das Bestimmen von Flora und Fauna. Kaum eine Tour bei der das Bestimmungsbuch fehlt. Aber es gibt noch mehr, was für Jung und Alt die Wanderung erlebnisreicher macht. Geocaching (sprich: „Dschiokäsching) gehört sicher dazu. Hier geht es darum, die von anderen versteckten Gegenstände in Stadt, Wald und Flur zu finden, am besten mit Hilfe eines GPS-Gerätes. Die Doserln sind oft an schönen und/oder sehenswerten Orten versteckt und mal leichter, mal schwerer zu finden. Wer Interesse daran findet, möge sich die Seite www.geocaching.com ansehen oder „googelt" einfach einmal. Der Einstieg in das Hobby ist (bis auf das GPS-Gerät) kostenlos. Aber Vorsicht, Suchtgefahr! Übrigens habe ich auf fast jeder meiner Touren im Wiener Raum auch mindestens einen Cache gefunden.
Ist man in einer Gruppe unterwegs, kann auch einmal „Wandern für die Sinne" ausprobieren. Warum sich nicht einmal für fünf bis zehn Minuten von einem Mitwanderer (natürlich im Wechsel) mit verbundenen oder geschlossenen Augen führen lassen? Das schärft die Sinne! Aber dabei bitte ich um Vorsicht. Natürlich nicht in anspruchsvollem Gelände und am besten nicht an der schönsten Stelle der Tour vorbei. Barfuß gehen ist schon ein Klassiker, aber bitte auch dabei Vorsicht walten lassen, der Autor übernimmt keine Garantie für bienenfreie Wiesen und ähnliche Gefahren für die nackten Füße.

Erklärungen zum Infoblock

- **Zeit:** Geschätzte, durchschnittliche reine Gehzeit, die nicht zu sportlich, aber aufgrund der Charakteristik der Touren auch nicht gemütlich ausgelegt ist.
- **Höhenunterschied:** Die Summe aller im Laufe des Tourentages zu bewältigenden Aufstiegsmeter.
- **Distanz:** Streckenlänge grafisch ermittelt auf Basis der AMap (DVD des BEV).

WANDERUNGEN

[1] Über Nasenweg und Kahlenberg nach Grinzing

Ein echter Klassiker. Den Nasenweg hinauf geht es, über den Leopoldsberg zum Kahlenberg mit der Stefaniewarte. Von dort aus über die Sulzwiese mit einer Kapelle und an der Kreuzeiche vorbei zum Lebensbaumkreis am Himmel. Der Abstieg führt dann ins gesellige Weindorf Grinzing mit seinen zahlreichen Heurigen.

3½ Std. **Aufstieg:** 450 m; **Abstieg:** 375m **12 km**

Route: Bahnhof Nussdorf–Kahlenbergerdorf–Nasenweg–Leopoldsberg–Kahlenberg–Sulzwiese–Kreuzeiche–Am Himmel–Grinzing Zentrum

Einkehr: Plattform Kahlenberg, Oktogon, Häuserl am Himmel, zahlreiche Möglichkeiten in Grinzing

Anreise: S-Bahn oder Regionalbahn sowie Straßenbahnlinie D

Rückreise: Bus 38A oder Straßenbahn 38

Fahrzeit An-/Rückreise: 30 Minuten / 45 Minuten

Abbruchsmöglichkeit: Leopoldsberg und Kahlenberg Parkplatz

Jahreszeit: immer außer bei Schneelage

Wegmarkierungen: Stadtwanderweg 1a, rot, gelb, am Ende rot-weiß-rot

Höchster Punkt: Kahlenberg (484 m NN)

Sehenswertes: Leopoldsberg und Kahlenberg, jeweils mit Kirche, Stefaniewarte, Baumkreis, Grinzing

Karten: ÖK 5319 und 5320, Freytag&Berndt 011, Kompass 205

GPS-Wegpunkte (33 U): Nussdorf O 601476 N 5346139, St. Leopold O 599923 N 5348065, Kahlenberg O 598928 N 5347906, Kreuzeiche O 597423 N 5347251, Lebensbaumkreis O 597273 N 5346281, Grinzing O 599640 N 5345578

Vom Bahnhof Nussdorf oder der Haltestelle der Straßenbahnlinie D aus geht es unter der Bahnunterführung hindurch zur Donau. Dieser nach links folgen. Zum Teil mit schöner Aussicht auf Bisam- und Leopoldsberg führt der Weg, immer die Donau entlang bis ins Kahlenbergerdorf. Dort durch die Unterführung links ins Dorf hinein und gleich rechts in die Bloschgasse. Dann dem Stadtwanderweg 1a und der roten Markierung folgen. Die Stiegen hinauf geht es auf dem Nasenweg zügig bergan und an einigen schönen Aussichtspunkten mit Blick über die Donau vorbei. Fast oben angelangt, dem Stadtwanderweg rechts hinauf folgen, an Bänken vorbei auf zwei Aussichtsplattformen.

Die erste liegt geradeaus mit Blick über Klosterneuburg nach Norden, dann ein Stück zurück und nun rechts auf die zweite Plattform hinauf. Auf deren anderer Seite geht es dann rechts weiter am Gebäude entlang mit Blick auf den Nussberg linker Hand. Der komplette Gebäudekomplex ist derzeit nicht zu besichtigen, aber an seiner Frontseite gibt es neben einer Inschrift auch einen schönen Brunnen zu bestaunen. Rot markiert geht es weiter, am Kosakendenkmal und am Parkplatz vorbei Richtung Kahlenberg. Dem Weg entlang der Straße weiter folgend, am Hochseilgarten und dann grün markiert an der „Hütte am Weg“ vorbei. Auch gibt es hier zahlreiche Haltestellen der Buslinie 38A Richtung Heiligenstadt. Weiter, vorbei am Parkplatz zur Aussichtsplattform am Kahlenberg mit der Kirche St. Josef. Richtung Sulzwiese und Stefaniewarte führt die Route erst rot, dann mit dem Rundumadum-Symbol markiert auf einem Pfad hinauf auf den Gipfel des Kahlenberges zur Stefaniewarte. Diese ist nicht immer geöffnet, lohnt aber durchaus eine Besteigung. Weiter dann nimmt man den markierten Weg an einer Gabelung rechts und bald über die Brücke. Rot markiert geht es links weiter bergab. An der Gnadenkapelle dann, nach einer Besichtigung und eventuell einer Jause im dazugehörigen Café, von der Kapelle kommend, rechts weiter. Wieder ein Stück bergan bis es an einer Kreuzung gelb markiert Richtung Cobenzl bergab geht.

An der Kreuzeiche folgen wir geradeaus den Markierungen des Stadtwanderwegs 2 und „Rundumadum“. Dann gelb markiert parallel zur Höhenstraße weiter Richtung „Am Himmel“. Kurz

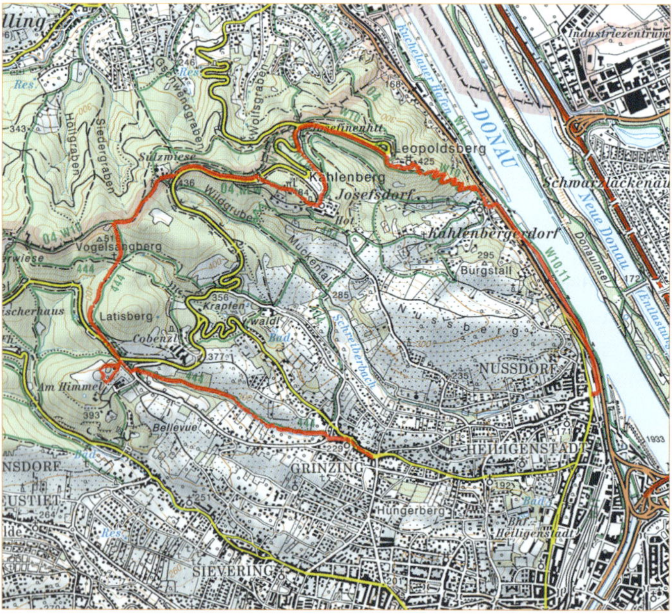

vor der Gabelung der Straße wird diese gequert und es geht rechts ab, das etwas größere Areal um das Oktogon mit Skulpturengarten, Lebensbaumkreis und Spielplatz zu erkunden. Nach abgeschlossener Erholungspause nimmt man den Weg wieder zurück zur Himmelstraße und an dieser, wieder gelb markiert, rechts. Bald nach links zum Häuserl am Himmel einbiegen und links an diesem vorbei, weiter auf dem rot-weiß-rot 444 markierten Pfad bergab Richtung Grinzing. Erst im Wald, dann zwischen Reisenbergbach und Weinbergen geht es stets bergab. Zum Teil auf breitem Weg, später dann diesen geradeaus verlassend am Bach bleibend auf einem schmaleren Pfad weiter. Hinein nach Grinzing führt der Pfad rechts hinauf und dann gleich links der Himmelstraße folgend zum Ortszentrum Grinzing mit seinen zahlreichen Heurigen. An der Straße befinden sich dann auch die Bus- und Straßenbahnhaltestellen nach Heiligenstadt und zum Schottentor.

[2] Von Hütteldorf über den Hermannskogel zum Cobenzl

In unmittelbarer Nähe zu Wien verläuft diese ruhige, waldreiche und in großen Teilen wenig frequentierte Tour. Über die Jubiläumswarte und den Exelberg geht es von Hütteldorf aus auf den höchsten Berg Wiens, zum Hermanskogel. Den Abschluss der Tour bildet das Weingut Cobenzl, mit einer herrlichen Aussicht über Wien.

5 Std. **Aufstieg:** 875 m; **Abstieg:** 700 m **19 km**

Route: Bhf. Hütteldorf–Hüttelberg–Jubiläumswarte–Schwarzenbergallee–Exelberg–Hameau–Weidlingbach–Hermannskogel–Kreuzeiche–Cobenzl

Einkehr: Gasthaus zum Agnesbrünnl, Weingut Cobenzl

Anreise: S-Bahn oder U4 sowie Stadtverkehr

Rückreise: Bus 38A

Fahrzeit An- / Rückreise: 30 Minuten / 45 Minuten

Abbruchsmöglichkeit: an der Schwarzenbergallee stadteinwärts

Jahreszeit: ganzjährig

Wegmarkierungen: sehr unterschiedlich, siehe Text

Höchster Punkt: Hermannskogel (542 m NN)

Sehenswertes: Jubiläumswarte, rotes Kreuz mit Markierungsstein, Wienerwalddenkmal, Habsburgwarte, Cobenzl

Karten: ÖK 5319, Freytag&Berndt 011, Kompass 205

GPS-Wegpunkte (33 U): Bhf. Hütteldorf 0 593727 N 5339073, Jubiläumswarte 0 593981 N 5341672, Parapluieteich 0 594191 N 5344348, Exelberg 0 592476 N 5344616, Hameau 0 593921 N 5345391, Kreuzung bei Weidlingbach 0 594464 N 5346747, Hermannskogel 0 595986 N 5347162, Kreuzeiche 0 597423 N 5347251, Cobenzl 0 598093 N 5346420

Im Bahnhof Hütteldorf nimmt man den Ausgang Keißlergasse über den Bahnhofsvorplatz und die Keißlergasse nach links, um dann direkt nach rechts in die Rettichgasse abzubiegen. Dann wieder links in die Isbarygasse und zweimal rechts, erst in die Hamiltaugasse, dann in die Linzerstraße. Links durch die Rosentalgasse geht es dann bergan, und gegenüber der Wahlberggasse in den Dehnepark, parallel zur Straße. Nach einer kleinen Brücke auf dem Stadtwanderweg 4 weiter um einen kleinen Teich, der blauen Markierung folgend. Erst die Brücke, dann eine Straße queren, auf dem Stadtwanderweg 4 den Hüttelberg

bergan. Vorbei am Silbersee und rechts weiter bis zur nächsten Biegung, dort gleich wieder links weiter bis zur Steinböckengasse. Dieser bergan in den Wald folgen. Nach dem Waldstück rechts in die Wickengasse und durch die Kordonsiedlung. Am Seglerweg angekommen dem gelben Wanderschild Richtung Jubiläumswarte – Kreuzeichenwiese – Neuwaldegg in den Wald hinein folgen und bergan zur Jubiläumswarte. Diese belohnt fleißige Stiegensteiger mit einer feinen Aussicht über Wien. Weiter geht es, an der Wienerwaldschule vorbei zum Parkplatz und dort nach links den Stadtwanderwegen 4/4a folgend, auf grün und gelb markiertem Weg. Über die Kreuzeichenwiese den Stadtwanderweg 4 verlassen und grün markiert, geradeaus bergan bis über die Spitze des Heuberges (464 m), einem bewaldeten Hügel ohne Aussicht. Nun weiter durch einen prächtigen Buchen-Eichenwald zum Teil recht steil bergab, bis zur Schwarzenbergallee im Tal. Auf der Allee geht es links über die Brücke, immer geradeaus auf rot-weiß-rot markiertem Weg, vorbei an einer Aresstatue und dem Allee-Beisel. Am Karl Panek-Gedenkstein weiter geradeaus, links am See vorbei. Kurz nachdem dann rechter Hand die Wiese beginnt, links in den geschotterten Weg einbiegen. Über den Eckbach und dann auf dem Weg vor der nächsten kleinen Brücke nach rechts. Auf diesem Weg bleiben und weiter an der nächsten Gabelung links, den gel-

ben Schildern Richtung Exelberg – Rotes Kreuz und der blauen Markierung folgend. Weiter geht es, bis auf einen Parkplatz. Hier befindet sich linker Hand, auf der anderen Straßenseite das rote Kreuz. Beachtenswert ist der Wegmarkierungsstein, welcher in seiner ursprünglichen Form schon 120 Jahre alt ist. Wer mag, macht vorbei am roten Kreuz noch einen Abstecher auf den Exelberg, bzw. zum Sendemast, allerdings ohne lohnende Aussicht. Dann Richtung Hameau – Dreimarkstein – Sievering auf blau und rot markiertem Weg. An der nächsten Gabelung Richtung Hameau – Dreimarkstein nun nur der roten Markierung folgen. Ein kleines Schild macht bald auf das Wienerwalddenkmal rechter Hand aufmerksam. Ein kleiner Abstecher lohnt sich auf jeden Fall. Wieder zurück auf dem Weg geht es weiter zur Schutzhütte Hameau. Bevor der Weg zur Schutzhütte abzweigt, nach links abbiegen und dem gelb markierten Pfad bergab Richtung Weidlingbach folgen. Im Tal angekommen, die Straße queren und auf dem Gehsteig nach rechts weiter Richtung Weidling. An der größeren Kreuzung nehmen wir kurz die L116 Richtung Klosterneuburg nach links. Bitte hier den Verkehr beachten! Hinterweidling durchqueren und direkt nach dem letzten Haus der Ortschaft nach rechts abbiegen. Dann auf den Gustav Fischer-Steig bergauf Richtung Hermannskogel. Der Einstieg in den Steig liegt etwas versteckt am Waldrand und ist rot markiert. Dem Steig so lange bergan folgen, bis es grün markiert Richtung Hermannskogel weitergeht. Auf dem Hermannskogel wird mit der Habsburgwarte der höchste Punkt der Tour erreicht. Hinter der Warte geht es auf gelb markiertem Weg etwas steiler, zum Teil auch rutschig, auf unebenem Gelände bergab bis zur Straße. Dort nach links abbiegen zum Gasthaus am Agnesbründl (das Brünnlein selbst liegt einige Meter hinter dem

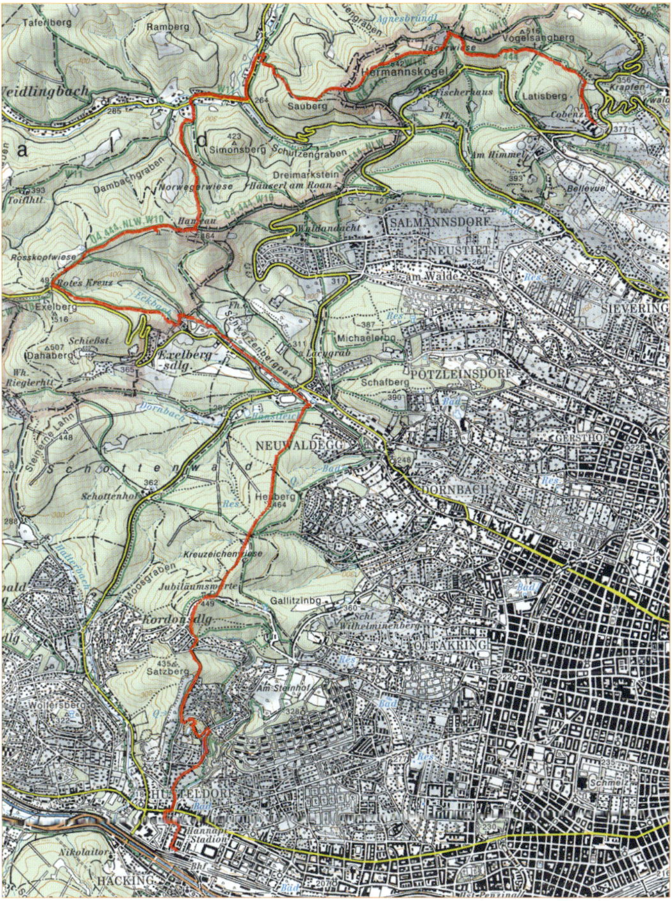

Gasthaus). Dann auf dem Stadtwanderweg 2 sanft bergab bis zur Kreuzeiche weiter. Dem rot markierten Weg geradeaus Richtung Cobenzl folgen. Es geht nun vorbei am ehemaligen Standort des Schlosses Cobenzl, von welchem nur noch eine Aussichtsplattform übrig ist. Weiter am Gasthaus Waldgrill und dem Weingut Cobenzl sowie dem Tierpark vorbei. Hier gibt es nun noch einmal die Aussicht über Wien zu bestaunen. Mit dem Bus geht es zurück nach Heiligenstadt.

[3] Über die Sophienalpe nach Hadersdorf

Diese Tour verbindet das (zum Teil ehemalige) Hüttenflair des Wienerwaldes mit einer sehenswerten Tour am Stadtrand. Es geht am Schottenhof, der Rieglerhütte, der Sophienalpe und der Mostalm vorbei. Aber auch der schöne Wald, die Kreuzeichenwiese, die Franz-Karl-Fernsicht und das Gideon-Laudon-Grab bereichern die Tour.

3½ Std. **Aufstieg:** 450 m; **Abstieg:** 450 m **13 km**

Route: Neuwaldegg–Heuberg–Schottenhof–Rieglerhütte–Sophienalpe–Mostalm–Gideon-Laudon-Grab–Bhf. Hadersdorf

Einkehr: Sophienalpe, Mostalm, grüner Jäger

Anreise: Straßenbahn 43

Rückreise: S-Bahn oder Regionalbahn ab Bhf. Hadersdorf

Fahrzeit An- / Rückreise: 40 Min / 30 Min

Abbruchsmöglichkeit: keine

Jahreszeit: ganzjährig

Wegmarkierungen: blau, Rundumadum, gelb, Stadtwanderweg 8, z. T. unmarkiert

Höchster Punkt: Franz Karl – Fernsicht (490m NN)

Sehenswertes: Wiener Hüttenkultur, Gideon-Laudon-Grab, Türkensteine

Karten: ÖK 5319, Freytag&Berndt 011, Kompass 205

GPS-Wegpunkte (33 U): Neuwaldegg 0 595897 N 5343071, Heuberg 0 594681 N 5342610, Schottenhof 0 593426 N 5342720, Rieglerhütte 0 591959 N 5343779, Sophienalpe 0 591361 N 5344466, Franz-Karl-Fernsicht 0 590918 N 5343870, Gideon-Laudon-Grab 0 590059 N 5341690, Bhf. Wien Hadersdorf 0 590867 N 5340398

Bei der Haltestelle Neuwaldegg nimmt man die Dornbacher Straße stadtauswärts, dann links die Waldegghofgasse und gleich wieder links die Luchtengasse. Nun rechts in die Promenadengasse und der blauen Markierung folgen. Am Schwimmbad vorbei geht es bergan, bald den Weg geradeaus auf den Pfad verlassend. Nach dem Zaun führt der Weg in ein Vogelschutzgebiet. Immer dem kleinen Pfad folgen, ab und zu einen Blick auf Wien durch die Bäume erhaschend in der Nähe des Waldrandes weiter. Auf einem Forstweg dann links einbiegen und weiter bis zum Wendeplatz. Nach diesem rechts hinauf zum Heuberg. Auf dessen unspektakulärem Gipfel dann links wieder ein Stück

bergab und dann entweder direkt vor der Kreuzeichenwiese halbrechts oder spätestens auf der Kreuzeichenwiese im Bogen nach rechts, ein Stück bergab wieder in den Wald und auf dem „Rundumadum"-Wanderweg weiter. Nun an der Gabelung gelb

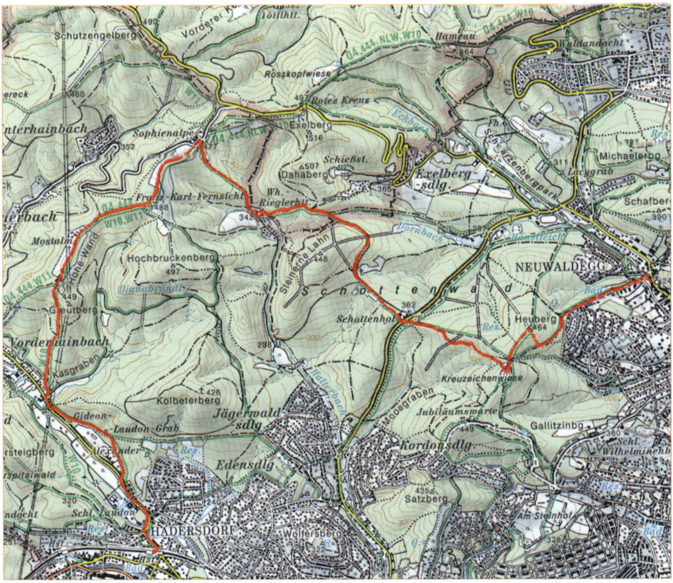

markiert weiter, sanft bergab bis zum Schottenhof. Die Straße hier queren und links des Hofes Richtung Rieglerhütte. Dieses ehemalige Restaurant über die Brücke passieren und dann gelb markiert nach rechts bergan Richtung Sophienalpe. Dort angekommen bietet sich diese endlich zur Jause an. Weiter geht es erst blau, dann gelb markiert zur Franz-Karl-Fernsicht, von dieser durch den Wald zur Mostalm. An dieser vorbei am Waldrand entlang, bis es vorm Ende der Wiese auf einem Pfad nach links in den Wald Richtung grünem Jäger geht. An der Straße angekommen dieser ein Stück nach links folgen und bald auf dem Stadtwanderweg 8 wieder nach links in den Wald. Nun vorbei am Gideon-Laudon-Grab, und nach den Türkensteinen den Stadtwanderweg verlassend rechts, wieder in Richtung Straße. Dann nach links in die Mauerbachstraße und auf dieser bis zum Bahnhof Hadersdorf.

[4] Lainzer Tiergarten-Runde

Eine schöne Runde durch ein ruhiges Wiener Naherholungsgebiet. Die Tour bietet alles, von Verpflegung über tolle Aussichten bis zu einem kleinen Tierpark als Abschluss der Runde. Aber auch unterwegs stehen die Chancen nicht schlecht, freilaufende Wildschweine zu entdecken.

3½ Std. **Aufstieg:** 425 m; **Abstieg:** 375 m **14,5 km**

Route: Bhf. Hütteldorf–Nikolaitor–Gaststätte Hirschgstemm–Bründlberg–Rohrhaus–Wienerblick–Hermesvilla–Lainzer Tor

Einkehr: Hirschgstemm, Rohrhaus, Hermesvilla

Anreise: S-Bahn oder U4 sowie Stadtverkehr

Rückreise: Bus 55A

Fahrzeit An- / Rückreise: 40 Min / 60 Min

Abbruchsmöglichkeit: keine

Jahreszeit: ganzjährig, das Nikolaitor ist von Anfang November bis Ende Jänner geschlossen (außer in den Weihnachtsferien)

Wegmarkierungen: Rundumadum, Beschilderung, z. T. unmarkiert

Höchster Punkt: Bründlberg (508 m NN)

Sehenswertes: Lainzer Tiergarten, Hubertuswarte, Wienerblick, Hermesvilla, Tiergarten

Karten: ÖK 5325, Freytag&Berndt 011, Kompass 205

GPS-Wegpunkte (33 U): Bhf. Hütteldorf 0 593727 N 5339073, Nikolaitor 0 593115 N 5339113, Gaststätte Hirschgstemm 0 589475 N 5336032, Hubertuswarte 0 590661 N 5335805, Rohrhaus 0 591502 N 5336863, Wienerblick 0 592650 N 5337229, Hermesvilla 0 592652 N 5336023, Bushalt Lainzer Tor 0 593489 N 5335593

Im Bahnhof Hütteldorf (U4 und S-Bahn) nimmt man den Ausgang Richtung Hadikgasse. Über die Überführung und dann die Rampe rechts hinab parallel zur Straße stadtauswärts bis zur und links in die Stampfergasse. Dann rechts in die Auhofstraße einbiegen und gleich wieder links in die Nikolausgasse. Durch das Nikolaitor geht es nun in den Lainzer Tiergarten. An der Informationshütte und dem Spielplatz vorbei bergan. Direkt hinter diesem nach rechts, an der Kapelle vorbei in den Wald. Weiter oben vor einem Zaun dem größeren Weg nach rechts folgen und an einigen Bänken und Informationstafeln zum Thema Wald vorbei. An der nächsten Gabelung nach rechts weiter, dem „Rundumadum“ Wanderweg, beziehungs-

weise den Wildschwein-Wegmarkierungen in Rüsselrichtung folgend durch den Buchen-Eichenwald und über einzelne Lichtungen. Hier auftauchende Wildschweine sind übrigens nicht eingezäunt. Die Tiere stehen Ihnen direkt gegenüber. Also gerade wenn die Frischlinge unterwegs sind, bitte vorsichtig sein und Abstand halten. Dann leicht bergab und hinter der Brücke links weiter auf einem Güterweg, der Beschilderung „Rundumadum“ folgend. Auf dieser Allee, vorbei an einer Schutzhütte, in Richtung Pulverstampftor/Hirschgstemm weiter. Vorbei an einigen Lagerwiesen, welche sich zum Picknicken anbieten, geht es bald wieder bergan. Am Gasthaus Hirschgstemm mit großem Kinderspielplatz weiter nach links dem Waldweg Richtung Hubertuswarte / Rohrhaus / Hermesvilla folgen. Nun bis zur Hubertuswarte mit Schutzhütte. Die Warte bietet eine tolle Aussicht über Wien und den Wienerwald. Weiter geht es nun Richtung Rohrhaus, welches abgesehen von der Bewirtung einen großen Kinderspielplatz und sogar einen kleinen Ausblick nach Nordwesten über den Wienerwald verspricht. Weiter führt die Route am Rohrhaus und am Kinderspielplatz vorbei geradeaus Richtung Wienerblick. An der Lichtung vor dem Wienerblick rechts ab, vorbei an einem Schutzhaus und immer weiter auf die herrliche Aussicht über Wien zu. Es geht am Tenno-Kogo-Stein vorbei und über die Wiese, welche zur Rast einlädt. Dann

nach rechts in den Wald hinein zum St. Veiter Tor. Nach einem kleinen Stück durch den Wald wird der eigentliche Lainzer Tiergarten durch eine Tür im Drahtzaun verlassen und es geht in Richtung Hermesvilla und St. Veiter Tor nach links. An der

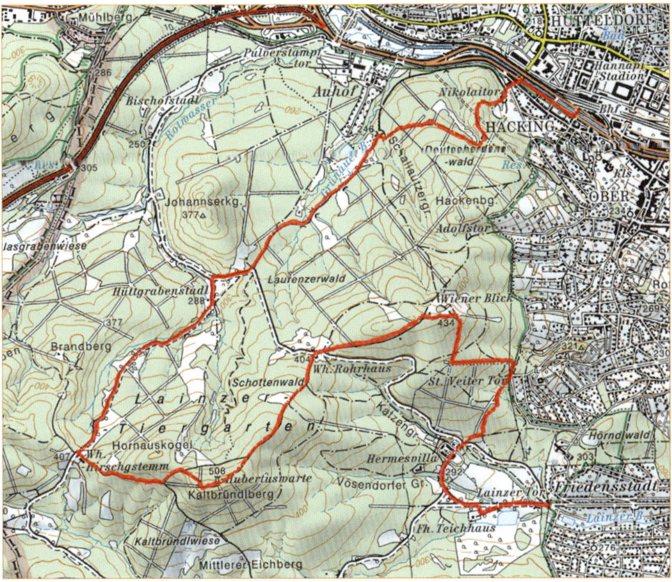

Mauer von Herrn Schlucker nach rechts weiter und am St. Veiter Tor sowie der dortigen Infohütte vorbei zur Hermesvilla. Diese beherbergt ein Museum mit Wechselausstellungen und ein Café. Durch den Hof und auf der anderen Seite der Straße im Bogen nach links geht es weiter. Durch einen kleinen Tierpark, unter anderem mit Auerochsen, Rehen und Mandarinenten sowie einem Spielplatz, verlässt man den Lainzer Tiergarten durch das Lainzer Tor. Kurz dahinter ist mit der Haltestelle der Buslinie 55A das Ende der Tour erreicht.

[5] Von Purkersdorf auf die Rudolfshöhe

Etwas längerer Spaziergang durch teils lichten, teils dichten Wald am Rande Wiens. Die schöne Aussichtswarte bietet sowohl einen tollen Ausblick über den Wienerwald und teile Wiens als auch einen netten Rastplatz. Nach der Tour lädt das Ortszentrum Purkersdorf ein, den Spaziergang ausklingen zu lassen.

1½ Std. **Aufstieg:** 275 m; **Abstieg:** 275 m **6,2 km**

Route: Unterpurkersdorf–Rudolfswarte–Schöffelstein–Purkersdorf

Einkehr: in Purkersdorf

Anreise: S-Bahn oder Regionalbahn

An- / Rückreise: 30 Min

Abbruchsmöglichkeit: keine

Jahreszeit: ganzjährig

Wegmarkierungen: rot-weiß-rot

Höchster Punkt: Rudolfshöhe (475 m NN)

Sehenswertes: Rudolfswarte, Schöffelstein, Purkersdorf

Karten: ÖK 5319 und 5325, Freytag&Berndt 011, Kompass 205

GPS-Wegpunkte (33 U): Unterpurkersdorf 0 588294 N 5340048, Rudolfswarte 0 588240 N 5338711, Schöffelstein 0 587344 N 5338995, Bhf. Purkersdorf 0 587359 N 5339883

Vom Bahnhof Unterpurkersdorf geht es am Bahnhofsgebäude vorbei, der Bahnhofsstraße folgend und den Wienfluß querend zur Wiener Straße. Alternativ kann man von Hütteldorf hierher auch mit dem Bus anreisen. Dann quert man an der Ampel die Straße, wenige Meter nach links und gleich den Pfad rechts in den Wald hinauf. Nach zirka 50 Metern geht es dann auf schmalem Pfad links, nun durchgehend bis ans Ende der Tour rot-

weiß-rot markiert. Der Weg führt erst ein wenig bergan, dann an manchen Stellen etwas steiler und nach Regen zum Teil rutschig bergab. An den links stehenden Häusern vorbei und ein kurzes Wegstück in Purkersdorf auf der Anton-Wenzel-Prager Gasse weiter. Wieder im Wald auf dem unteren Güterweg weiter, bald an einem Teich vorbei, bis es ein kleines Stück vor den nächsten Häusern rechts auf einem Pfad hinaufführt. Am Wegweiser dem „Rundwanderweg 4“ Richtung Aussichtswarten bergan folgen. Im Laufe des Aufstieges wird der Wald dann lichter und die Bäume werden höher. Den ersten Güterweg kreuzen und, wenn es fast schon am Gipfel etwas flacher wird, nach rechts in den nächsten Güterweg einbiegen. Am höchsten Punkt zweigt der Weg rechts ab, noch ein Stück hinauf bis zur Rudolfswarte mit dazugehörigem Gipfelkreuz und Rastplatz. Nach dem Bestaunen des Umlandes von der Warte aus auf gleichem Weg zurück auf den Güterweg

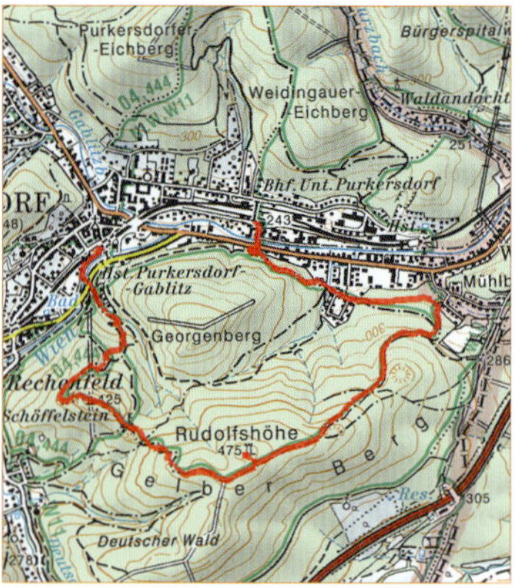

und dort dann rechts. Es geht nun erst gemächlich, dann steiler bergab, immer der Markierung folgend. An einer flacheren Stelle zeigt der Wegweiser Richtung Blätterwald, an einer Schutzhütte mit kleinem Spielplatz vorbei und geradeaus wieder ein Stück bergan Richtung Schöffelstein. An diesem vorbei geht es dann weiter, wieder bergab und Richtung Sängerbrunnen rechts. Erst etwas eben führt der Weg dann wieder bergab. Rechts weiter über den Verbindungsweg und nach kurzer Zeit am Insektenhotel und der Aussichtsplattform dem Weg hinunter Richtung Purkersdorf folgen. Vor der Wiener Straße geht es links zum schönen Sängerbrunnen mit einigen Bänken und rechts zu einem Kinderspielplatz. Der Weg führt weiter geradeaus die Straße sowie den Wienfluß querend. Auf der Fürstenberggasse dann rechts weiter bis zum Bahnhof bzw. Ortszentrum.

[6] Auf dem Jakobsweg zur Troppbergwarte

Die Besteigung des Troppberges ist eine erholsame, kleine Tour. Auf dem Gipfel mit der Troppbergwarte erwartet uns eine schöne Aussicht. Auch der Ausgangspunkt Purkersdorf bietet einige Sehenswürdigkeiten und wer mag, geht nach Abschluss der Tour noch eine kleine Runde um den Wienerwaldsee bei Tullnerbach-Pressbaum.

3½ Std. **Aufstieg:** 425 m; **Abstieg:** 400 m **12,5 km**

Route: Bhf. Purkersdorf–Troppbergwarte–Ameisberg–Irenental–Bhf. Tullnerbach-Pressbaum

Einkehr: Purkersdorf, Gasthaus Wienerwaldblick, Tullnerbach

Anreise: S-Bahn oder Regionalbahn

Fahrzeit An- / Rückreise: 30 Min

Abbruchsmöglichkeit: Bus in Ameisberg

Jahreszeit: ganzjährig

Wegmarkierungen: grün, gelb, blau

Höchster Punkt: Troppberg (542 m NN)

Sehenswertes: Purkersdorf, Troppbergwarte, Wienerwaldsee bei Tullnerbach

Karten: ÖK 5319 und 5325, Freytag&Berndt 011, Kompass 205

GPS-Wegpunkte (33 U): Bhf. Purkersdorf O 587359 N 5339883, rotes Kreuz O 583518 N 5340858, Troppberg O 582447 N 5341773, Gasthaus Wienerwaldblick O 581051 N 5339189, Bhf. Tullnerbach-Pressbaum O 581234 N 5337541

Vor der eigentlichen Tour bietet sich ein kleiner Ausflug ins schöne Dorfzentrum an. Hierfür geht es von der Rampe des Bahnhofs aus rechts bzw. geradeaus in die Pummergasse bis zum Dorfplatz mit seinen Cafés und Gasthäusern. Nun links weiter auf dem Hauptplatz, an der alten Post vorbei und zwischen Pfarrkirche St. Josef und dem Wasserschloss hindurch. Auf der Kaiser-Josef-Straße geht es links weiter, die Straße querend und rechts in die Berggase hinein. Noch in Purkersdorf geht es wiederum rechts auf grün markiertem Pfad bergan Richtung Troppberg. Nun auf Pfaden und Forstwegen auf dem grün markierten Abschnitt des österreichischen Jakobsweges bergan. Ein Stück führt dann der Weg sanft bergab. Nach dem roten Kreuz und der Abzweigung zur Most- und Jausenstation Hoffmann, folgen wir bald halbrechts wieder bergauf weiter dem Jakobs-

weg und der grünen Markierung. Auf einem steileren Weg auf halber Höhe dann links, relativ eben weiter bis es ein letztes Mal bergan, nach rechts zur Troppbergwarte geht. Ein kleines Stück auf dem gleichem Weg zurück, bevor die Route erst rechts und gleich wieder links, dem Wegweiser nach Bhf. Tullnerbach sowie der gelben Markierung folgend, bergab führt. An einem Hof vorbei, dann auf einer Straße weiter und bald rechts im Wald den Fitnesspfad entlang. Nach einer Brücke dann wieder zurück auf die Straße und durch Ameisberg nach links in die Georgenbergstraße. Hier führt der Weg nun im Irenental zwischen Bach und Straße ein Stück weiter an einer Bushaltestelle vorbei, bevor es nach rechts auf dem Franz-Schmidt-Weg wieder etwas bergan geht. Nun blau markiert nach rechts durch Brettwies, der Straße in einem Bogen nach

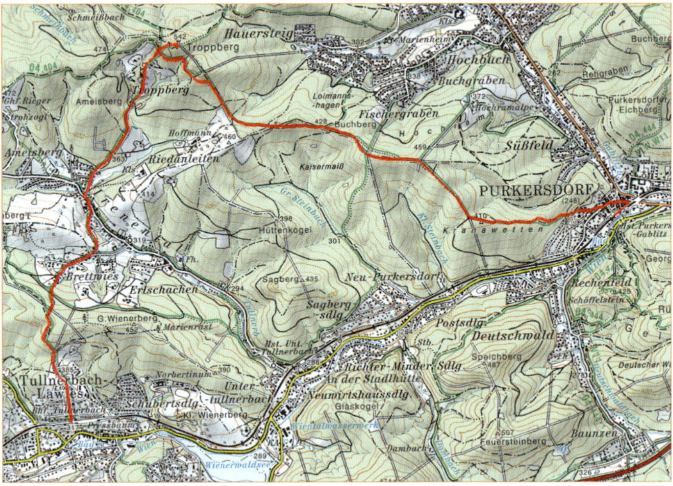

links bergan folgend. Vor dem Gasthaus Wienerwaldblick links die Straße verlassen und weiter auf dem Carl-Ritter-Weg. An der nächsten Bank dann nach links und an einem Marterl vorbei. Dem nächsten Güterweg nach rechts folgen, die Schranke und den Tennisplatz passieren. Nun erst halblinks in die Lawieserstraße, rot markiert und dann rechts durch die Bahnhofallee hinab zum Bahnhof Tullnerbach-Pressbaum.

[7] Durch die Hagenbachklamm

Diese kleine Tour führt direkt vor den Toren Wiens durch eine schöne Klamm. Auch wenn man hier keine alpine Erlebnistour erwarten darf, lohnt diese Wanderung doch mit einem tollen Naturerlebnis. Wer mag, besichtigt noch die Greifvogel-Zuchtstation.

2 Std. **Aufstieg:** 50 m; **Abstieg:** 225 m **6,5 km**

Route: Unterkirchbach–Hagenbachklamm–Hubertuskapelle–Bhf. St. Andrä-Wördern

Einkehr: in St. Andrä-Wördern

Anreise: S-Bahn nach Oberdöbling, dann Bus nach Unterkirchbach

Rückreise: S-Bahn oder Regionalbahn zum Franz-Josefs-Bhf.

Fahrzeit An- / Rückreise: 1¼ Std. / 30 Min

Abbruchsmöglichkeit: keine Möglichkeit

Jahreszeit: ganzjährig

Wegmarkierungen: rot-weiß-rot

Höchster Punkt: Unterkirchbach (320 m NN)

Sehenswertes: Hagenbachklamm, Greifvogel-Zuchtstation

Karten: ÖK 5319, Freytag&Berndt 011, Kompass 205

GPS-Wegpunkte (33 U): Unterkirchbach 0588640 N5349338, Greifvogel-Zuchtstation 0 588944 N 5350376, Reste des verfallenen Gasthauses 0 589566 N 5351049, Hubertuskapelle 0 589959 N 5352309, Bhf. St. Andrä-Wördern 0 589613 N 5354115

Am Amtshaus vorbei in die Unterkirchbacher Straße leicht hinab gehen. Vorbei am Hochfeldweg, grün und rot-weiß-rot markiert geradeaus und vor Brücke links Richtung Hagenbachklamm. Von nun an immer rot und rot-weiß-rot markiert bis zum Ende der Tour weiter. Dem Bach folgend verlassen wir Unterkirchbach und am Spiel- sowie am Sportplatz vorbei. Die Infotafeln zum Naturpark Eichenhain und zum Biosphärenreservat passieren zur Greifvogelzuchtstation. Eine Besichtigung ist nicht nur für Vogelfreunde zu empfehlen. Weiter am Ponyhof vorbei und in den Wald hinein. Am Waldrand auf dem markierten Güterweg geradeaus und nach einer kurzen Strecke rechts auf einem Pfad weiter. Dem Pfad folgen, den von links kommenden und nach rechts über die Brücke verschwindenden blau markierten Weg ignorieren. Weiter am ehemaligen, bis auf einen gemauerten Bogen zerstörten Gasthaus

Hagenbachklamm vorbei über eine Brücke. In der Folge hat sich der Bach an einigen Stellen tief eingegraben. Zum Teil geht es nun direkt am Fluss, zum Teil etwas darüber am Hang oder über Holzsteige weiter. Nach zahlreichen Brücken und sogar felsigen Stellen, mündet der Weg nach zwei Raststellen und einigen künstlichen

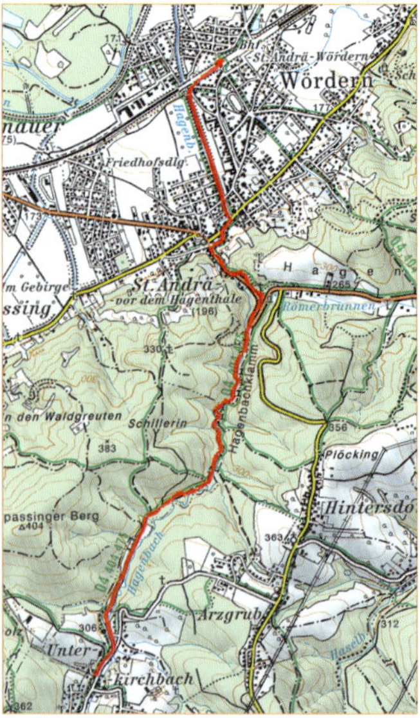

Wasserfällen in die Straße. In der Spitzkehre gegenüber weiter auf dem Wanderweg, an der Hubertuskapelle und einem kleinen Wegkreuz vorbei nach St. Andrä-Wördern. Im Ort geht es erst rechts der Straße, dann rechts des Baches weiter. In der Nähe der Kirche dem Bach nach rechts folgen, bis es wieder rechts auf der Greifensteiner Straße weitergeht. Gegenüber der Musikschule links und dann dem Bach entlang bis zu den Bahngleisen folgen. Vor der Bahnbrücke dann rechts auf die Hauptstraße und auf dieser bis zum Bahnhof.

[8] Über den Tempelberg nach Klosterneuburg

Diese abwechslungsreiche Tour bietet zahlreiche Aussichten, zum Beispiel von der Tempelbergwarte über das Tullnerfeld oder am Ende der Wanderung beim Abstieg über Klosterneuburg. Die etwas längere Tour in Stadtnähe überrascht oft mit relativ ungestörten und ruhigen Passagen und wird zum Abschluss mit der schönen Klosterneuburger Altstadt und dem beeindruckenden Stift gekrönt.

4½ Std. **Aufstieg:** 500 m; **Abstieg:** 525 m **16,7 km**

Route: Bhf. Greifenstein-Altenberg–Tempelberg–Hadersfeld–Redlinger Hütte–Kierling–Hohenauer-Wiese–Klosterneuburg

Einkehr: Redlinger Hütte, Klosterneuburg

Anreise: S-Bahn oder Regionalbahn

Fahrzeit An- / Rückreise: 30 Min / 30 Min

Abbruchsmöglichkeit: Bus in Kierling

Jahreszeit: ganzjährig, bei Schneelage schwierig

Wegmarkierungen: rot-weiß-rot/gelb, grün, blau, grün

Höchster Punkt: Hadersfeld (410 m NN)

Sehenswertes: Tempelbergwarte, St. Peter und Paul in Kierling, Obstlehrpfad, Klosterneuburg mit Stift

Karten: ÖK 5319, Freytag&Berndt 011, Kompass 205

GPS-Wegpunkte (33 U): Bhf. Greifenstein-Altenberg 0 591891 N 5355389, Tempelbergwarte 0 592118 N 5354596, Redlinger Hütte 0 593752 N 5352955, Kierling 0 594534 N 5351429, Hohenauer-Wiese 0 593398 N 5349827, Bhf. Klosterneuburg 0 598335 N 5351594

Vom Bahnhof Greifenstein-Altenberg nimmt man die Hauptstraße nach rechts Richtung Altenberg. Weiter nach links in die Adolf-Lorenz-Gasse einbiegen. Auf dieser bergan Richtung Tempelbergwarte/Hadersfeld. Auf rot-weiß-rot und gelb markiertem Weg die Lebensregion Biosphärenpark Wienerwald – Kernzone Altenberg betretend in Serpentinen nun steil bergan bis zur Tempelbergwarte. Nach Besichtigung der Warte und einem weiten Blick in die Landschaft über das Tullnerfeld und die Donau geht es weiter nach Hadersfeld. Links in die Schlossgasse einbiegen und dieser ein Stück folgen. Gegenüber der Hauptstraße nehmen wir rechts den Waldweg und biegen am

Scheitelpunkt der nächsten Linkskurve nach links auf den rot-weiß-roten Pfad Richtung Kierling ein. Nun dem Mauerbach bergab folgen, bis es auf grün markiertem Weg bergan zur Redlinger Hütte geht. Diese lädt zur Rast ein, bevor es, rechts am Teich vorbei, weitergeht. Kurz vor dem höchsten Punkt dann

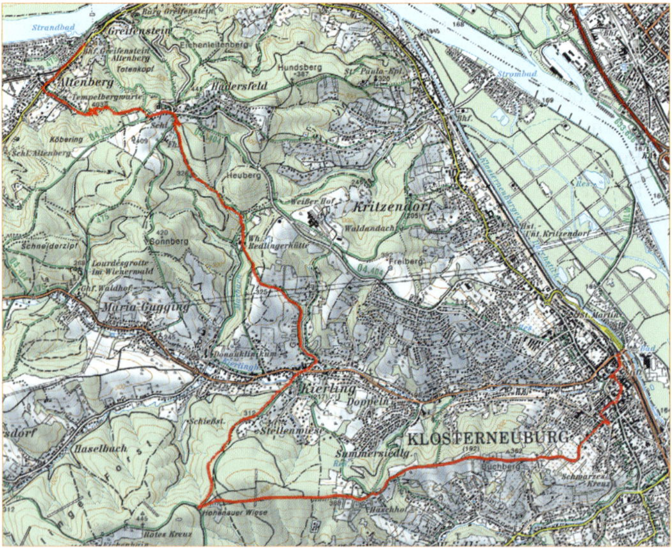

auf blau markiertem Weg aus dem Wald hinaus, an einem kleinen Aussichtpunkt mit Kreuz vorbei und geradeaus weiter ins Grüntal.

In Kierling führt der Weg direkt nach der Brücke über den Kierlingbach rechts weiter durch die Maitisgasse, über die Hauptstraße, vorbei am alten Schulhaus und an der Dollberger Dreifaltigkeitskapelle. Gelb und blau markiert geht es dann die Otto-Kochwasser-Gasse bergan. Ein kleiner Abstecher in die Kirche St. Peter u. Paul zahlt sich aus. Über den Kirchplatz weiter Richtung Stellenwiese, dann dicht unterhalb des Friedhofs blau markiert weiter. Diesen Pfad nach dem Friedhof verlassen und auf der Straße weiter bergan. Am Umkehrplatz weiter geradeaus in den Wald hinein. Dann, teils blau, teils unmarkiert auf diesem Weg, bis zur Steinböck-Schutzhütte am Spitz der Hohenauer Wiese. Hier nun links die Wiese queren. Weiter, grün markiert, auf dem Adolf-Robel-Weg, bzw. der Babenberger Mountainbike-Strecke, Richtung Klosterneuburg. Vorbei geht es am Adolf-Robel-Gedenkstein, einem Obstlehrpfad und der Bundeslehranstalt für Wein- und Obstbau, sowie der Purgathofer Sternwarte. Auch werden einige Rast- und Aussichtsplätze mit Blick auf das Donautal, Klosterneuburg und den Bisamberg sowie den Kahlenberg passiert. Den kleinen Rücken dann verlassen und über die Raphael-Donner-Gasse nach Klosterneuburg. Dann rechts in die Buchberger Gasse, links in die Hermannstraße und noch einmal rechts in die Markgasse weiter ins historische Zentrum von Klosterneuburg. Am Ende links am Stift Klosterneuburg vorbei und über die Hundskehle und den Niedermarkt zum Bahnhof Klosterneuburg-Kierling.

[9] Bisamberg mit Elisabethenhöhe

Eine schöne Tour am Stadtrand mit einigen Auf- und Abstiegen. Der Weg geht vorbei am Eichendorff-Denkmal, einer bemerkenswerten Bildereiche sowie einer Lourdesgrotte. Zum krönenden Abschluss wird man mit einer wundervollen Aussicht von der Elisabethenhöhe auf Klosterneuburg und Umgebung belohnt.

3½ Std. **Aufstieg:** 350 m; **Abstieg:** 350 m **9 km**

Route: Bahnhofplatz Stammersdorf–Schießstätte–Zigeunerbründl–Eichendorff-Denkmal–Bildereiche–Gamshöhe–Lourdesgrotte Bisamberg–Elisabethenhöhe–Bhf. Langenzersdorf

Einkehr: in Stammersdorf, Gasthaus Gamshöhe, in Langenzersdorf

Anreise: Straßenbahn Linie 30 und 31

Rückreise: S-Bahn zum Praterstern

Fahrzeit An- / Rückreise: 33 Min / 20 Min

Abbruchsmöglichkeit: keine

Jahreszeit: ganzjährig

Wegmarkierungen: Stadtwanderweg 5, Rundumadum, rot-weiß-rot, Apothekenrunde

Höchster Punkt: Elisabethenhöhe (358m NN)

Sehenswertes: Eichendorff-Denkmal, Bildereiche, Lourdesgrotte Bisamberg, Elisabethenhöhe

Karten: ÖK 5320, Freytag&Berndt 011 und 013, Kompass 205

GPS-Wegpunkte (33 U): Bahnhofplatz Stammersdorf O 605350 N 5350378, Zigeunerbründl O 603299 N 5352811, Eichendorff-Denkmal O 602332 N 5352256, Gamshöhe O 601418 N 5352903, Lourdesgrotte Bisamberg O 601061 N 5353574, Elisabethenhöhe O 600985 N5352871, Bhf. Langenzersdorf O 600481 N 5351319

Vom Bahnhofplatz in Stammersdorf ein Stück in Fahrtrichtung geradeaus und links in die Josef-Flandorfer-Straße. Nun dem Stadtwanderweg 5 folgen und bald rechts in die Luckenschwemmgasse. Hier kann man links über das freie Feld hinweg die Aussicht auf Kahlenberg und Leopoldsberg genießen. Weiter, die Luckenschwemmgasse geradeaus bis zur Stammersdorfer Straße. Rechts vorbei am Kriegerdenkmal und durch die kleine Liebleitnergasse. An deren Ende rechts an der Kirche heiliger Nikolaus vorbei. Dann gleich wieder rechts in die

Clessgasse. Nun den Stadtwanderweg 5 verlassen und nach einiger Zeit links in die Luckenholzgasse. Vorbei an Wiesen und Weinbergen rechter Hand die Schießstätte passieren. Weiter auf den Mitterhaidenweg erst an Feldern, dann rechts am Waldrand vorbei, nun auf dem Wiener Weitwanderweg „Rundumadum" bis zur Stammersdorfer Kellergasse. Vor der Straße durch einen kleinen, typischen Lößholweg. Auf der Straße einige Meter nach links und wieder rechts in den nächsten Feldweg, immer noch auf dem „Rundumadum". An der ersten Feldweg-Kreuzung, zirka 150 Meter vor der Waldgrenze rechts abbiegen. Am Wald angekommen links auf kleinen Pfad in den Wald, vorbei an eingezäunten Grundstücken. Auf dem Pfad nach einigen Metern nach links und am Zigeunerbründl mit einer Rastmöglichkeit vorbei. An der nächsten Wegkreuzung nach dem Brunnen dann links weiter, den zahlreichen Markierungen bis zum Waldrand folgen (rot-weiß-grün/rot/blau-gelb-blau). Hier, an einem Spielplatz mit toller Aussicht über Wien, geht es außerhalb des Waldes nach rechts weiter, zwischen Wald und Wiese entlang bis zum Eichendorff-Denkmal. Dort rechts auf dem rot-weiß-rot markierten Wanderweg weiter, Richtung Gamshöhe und hinein nach Niederösterreich. Vorbei an der Bildereiche, dem Weg bis zum Gasthaus Gamshöhe folgen. Direkt hinter dem Gasthaus in einen kleinen, leicht zu übersehenden Pfad einbiegen, der

Beschilderung „Apothekenrunde" mit blauem Pfeil folgen. Au diesem Weg immer bergab bis an den Rand der Gemeinde Bisamberg. Dort angekommen über den gepflasterten Weg bergan. Entlang des Weges bietet sich eine tolle Aussicht über das Gebiet nördlich des Bisamberges mit einem wundervollen Blick auf die Burg Kreuzenstein. Nach einem Abstecher in die auf der linken Seite liegende Lourdesgrotte geht es ein letztes Mal bergauf. Hinter einer Linkskurve nicht mehr dem blauen Pfeil folgen,

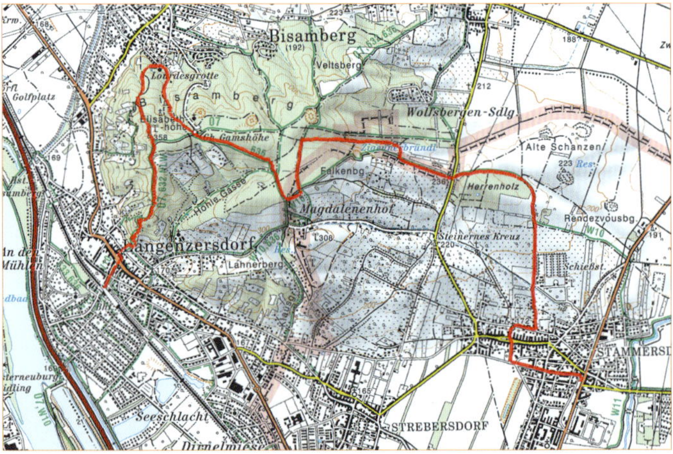

sondern gerade über einen kleinen Pfad bergan. Wieder auf der Straße, dann ein Stück nach rechts bis zur nächsten Gabelung weiter. Dort links ab und wieder dem blauen Pfeil folgen zur Elisabethenhöhe und der gleichnamigen Säule sowie einem Kinderspielplatz mit toller Aussicht über die Donau. Bis zum Ende der Wiese dem Weg folgen und dann endgültig die Apothekenrunde verlassen. Auf rot-weiß-rot markierten Pfad, welcher mit kleinen Aussichtspunkten gespickt ist, geht es nun auf felsigen Serpentinen bergab bis in die Burleiten-Straße und nach rechts auf die Straße „in Shiffeln". Dann gleich links dem rot-weiß-grünen Pfeil folgend, in die Jubiläumsgasse. Weiter links in die Korneuburgerstraße, die nächste gleich wieder rechts und von nun an der Beschilderung bis zum Bahnhof Langenzersdorf folgen.

[10] Der Anfang des Marchfeldkanals

Entlang des Marchfeldkanals ist ein schöner Rad- und Wanderweg angelegt. Fast immer an Flüssen wie eben der March oder dem Rußbach entlang kann man im Anschluss an die beschriebene Wanderung fast bis zur slowakischen Grenze die ebene Landschaft durchstreifen. Zwar bieten sich wegen des flachen Verlaufes kaum Ausblicke ins Umland, hat man doch häufig einen Blick auf den schön angelegten Kanal. Die Tour eignet sich ideal zum Tagesausklang im Grünen, oder in Verbindung mit einem Abstecher ins Schwimmbad Gerasdorf zur Ganztagserholung.

3½ Std. **Aufstieg:** 25 m; **Abstieg:** 25 m **13 km**

Route: Strebersdorf–Marchfeldkanal–Bhf. Gerasdorf

Einkehr: in Stammersdorf, Restaurant Passerella, am Bahnhof Gerasdorf

Anreise: S-Bahn S3 von Praterstern

Rückreise: S-Bahn S2 zum Praterstern

Fahrzeit An- / Rückreise: 30 Min / 20 Min

Abbruchsmöglichkeit: Stammersdorf mit Straßenbahn 30 und 31

Jahreszeit: ganzjährig, außer während und nach starkem Regen (Hochwasser!)

Wegmarkierungen: zusätzlich zur guten Spezialmarkierung des Kanals fast durchgängig blau

Höchster Punkt: Strebersdorf (160 m NN)

Sehenswertes: Marchfeldkanal, Garten des Gebets, Schwimmbad Gerasdorf

Karten: ÖK 5320, F&B 013, Kompass 205

GPS-Wegpunkte (33 U): Bhf. Strebersdorf O 602506 N 5348950, Garten des Gebets O 604134 N 5349313, Unterführung Stammersdorf O 605073 N 5349579, Abzweig Gerasdorfer Bad O 608013 5351107, Verlassen des Kanals O 610500 N 5351249, Bhf. Gerasdorf O 610048 N 5349944

Am Bahnhof Strebersdorf geht es die Stiegen hinab und durch die Unterführung nach links in die Scheydgasse. Die nächste Straße dann wieder links in die Autokaderstraße und nun den Markierungen, insbesondere der blauen folgen. Bald die Einzingergasse queren und nach der Fußgängerbrücke links auf dem geschotterten Rad- und Wanderweg am Marchfeldkanal entlang. An den Gartensiedlungen vorbei, nicht nach links über die Brücke, sondern auf dem Graedenerweg nach rechts weiter. Nun, der nächsten Gabelung nach links folgen, immer

blau markiert am Kanal entlang. An der Marchfeldkanal-Markierung am Kilometer 6 geht es nach links über die Brücke und auf der anderen Kanalseite wieder rechts an der Imkerei vorbei. Mit der Aussicht auf den Bisamberg führt die Route weiter am schönen angelegten Garten des Gebets vorbei, nun immer am Kanal entlang. In Stammersdorf kann man nach dem Spielplatz auf der Straße weiter mit Hilfe der Straßenbahnlinien 30 und 31 die Tour unterbrechen. Es geht weiter, unter der Straße hindurch. Kurz vor Kanalkilometer 9 quert man wieder die Brücke und wandert rechter Hand des Kanals weiter. Unter der Stammersdorfer Straße hindurch und dann gleich wieder nach links

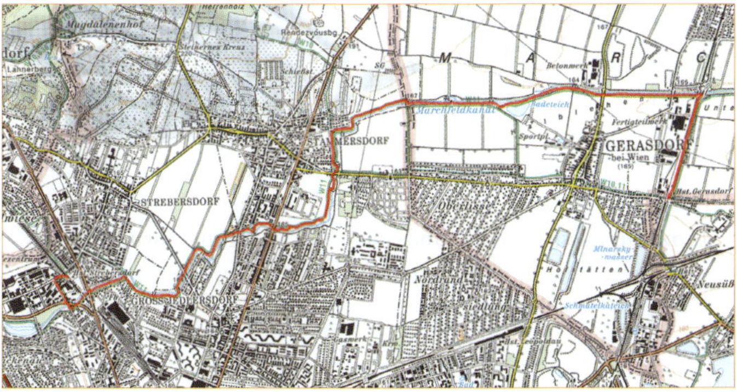

über den Kanal. Parallel zur Tilakstraße dann weiter am Kanal entlang. Bald verlässt man das Siedlungsgebiet endgültig und es geht durch die Felder weiter. Am Kilometer 11 quert man erneut nach rechts die Brücke und von nun an führt die Tour bis zum Ende rechts des Kanals weiter. Bald auf einer Straße geht es vor dem Schwimmbad links (der Eingang zum Bad liegt für Badewillige geradeaus weiter). Nun mit Blick auf Gerasdorf und die Seyringer Straße bald durch die Unterführung. Am Restaurant Passerella dann die Straße queren bis es nach der Eisenbahnbrücke rechts geht. Den Kanal Richtung Gleise verlassen und vor diesen nach links. Auf der Ostbahngasse gelb markiert weiter durch Gerasdorf Kapellerfeld bis der Bahnhof mit seinem markanten Turm erreicht ist.

[11] Kulturtour in der Lobau

Die Lobau ist ein echtes Stück wilder Natur in Wien. Diese kleine Tour ohne Steigungen führt am Nationalparkhaus, der Dechantlake, dem Friedhof der Franzosen und zahlreichen landschaftlichen Schönheiten vorbei. Bringt man etwas Zeit mit, lässt sich die Tierwelt in den Donau-Altarmen beobachten, wer weniger Zeit hat, wird zumindest die Biber Flummy und Arnie beobachten können, die sich in einem Gehege hinter dem Lobau-Museum aufhalten.

3 Std. **Aufstieg:** 25 m; **Abstieg:** 25 m **13 km**

Route: Bushalt Raffineriestr./Biberhaufenweg 92B–Nationalparkhaus Lobau–Josefsteg–Bibergehege Lobau–Friedhof der Franzosen–Bushalt Auernheimergasse

Einkehr: roter Hiasl, Imbiss Piszecsny, Chinarestaurant Jadewald

Anreise: U2 bis Donaustadtbrücke, dann Bus 92B

Rückreise: ab Auerheimergasse 98A, dann ab Aspernstr. U2

Fahrzeit An- / Rückreise: 30 Min / 50 Min

Abbruchsmöglichkeit: keine

Jahreszeit: ganzjährig

Wegmarkierungen: Naturlehrpfad, rot-weiß-rot, weitere siehe Text

Höchster Punkt: Bibergehege Lobau (160 m NN)

Sehenswertes: Nationalparkhaus Lobau, Napoleonsteine, Friedhof und Pulvermagazin der Franzosen

Karten: ÖK 5320 und 5326, Freytag&Berndt 013, Kompass 205

GPS-Wegpunkte (33 U): Bushalt Raffineriestr./Biberhaufenweg 0 609018 N 5338829, Nationalparkhaus Lobau 0 609144 N 5338920, Josefsteg 0 610242 N 5338735, Bibergehege Lobau 0 612498 N 5338228, Friedhof der Franzosen 0 613614 N 5338246, Pulvermagazin der Franzosen 0 613748 N 5338332, Jadewald 0 612851 N 5339791, Bushalt Auernheimergasse 0 612825 N 5340000

Von der Bushaltestelle Raffineriestraße / Biberhaufenweg der Linie 92B geht es an der Pizzeria Angelo vorbei, direkt über die Straße und den Biberhaufenweg hinab. Vorbei am roten Hiasl und direkt hinter den Gleisen nach rechts auf den Fußweg zum Nationalparkhaus Wien-Lobau. Nach einem lohnenden Besuch geht es den Dechantweg weiter stadtauswärts, vorbei am Imbiss Piszecsny in den Nationalpark Donauauen hinein. Nach einem kurzen Stück dem Naturlehrpfad nach links folgen und an der Dechantlacke vorbei. Dann rechts weiter auf dem Naturlehrpfad

und diesem eine ganze Weile, erst geradeaus, dann links folgen. Den von Pionieren errichteten Josefsteg überqueren und direkt an dessen Ende wieder links weiter auf dem Lehrpfad. Hinter einem kleinen Rastplatz bietet sich ein Steg an, um sich Aussicht über den Donaualtarm zu verschaffen. Den Pfad entlang und vor dem Güterweg rechts, wieder auf einem Pfad weiter. Diesem folgen und um ein Gebäude herum sowie an einer Lagerwiese vorbei, bald links auf der Vorwerkstraße weiter. Am Napoleonstein vorbei bis zum Lobau-Museum. Hinter dem Museum gibt es ein kleines Bibergehege. Wieder weiter auf der Straße, vorbei am Forsthaus, bis es rechts abgeht zum Friedhof der Franzosen und

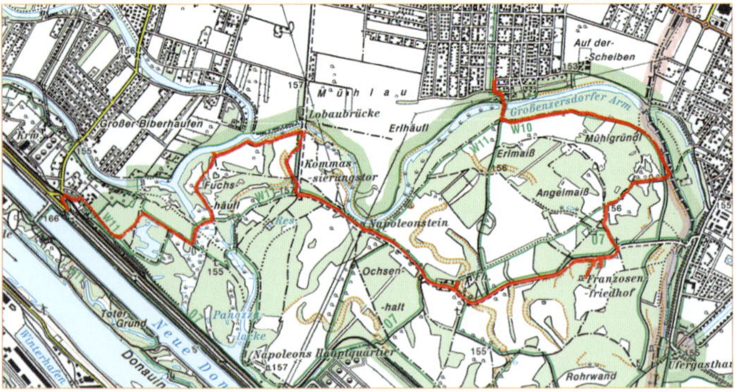

etwas weiter hinten auf der Straße dann ein zweites Mal rechts zum ehemaligen Pulvermagazin. Beide Gedenkplätze sind mit weiteren Napoleonsteinen markiert. Auf der Straße weiter am Schneibergkreuz links ab und auf dem rot-weiß-rot markierten Weg bis etwa in die Mitte der nächsten Freifläche. Nun nach rechts auf den blau markierten Weg einbiegen. Diesem folgen bis es im Wald auf grün markiertem Weg nach links weitergeht. Vorbei an einer Rohölleitung nimmt man an der nächsten Kreuzung den gelb und blau markierten Weg nach rechts Richtung Essling und Esslinger Furt. Am Chinarestaurant Jade Wald vorbei, links in die Reinholdgasse, rechts in die Kirschenallee und dann wieder rechts in der Auernheimergasse geht es zur Bushaltestelle der Linie 98A, welche zur Aspernstraße und damit zu U2 fährt.

[12] Vorbei an römischen Hügelgräbern zum Buchberg

Die feine Tour im westlichen Wienerwald verwöhnt mit landschaftlich schöner und historisch interessanter Komponente. Zum einen geht es durch eine idyllische Landschaft an Hügelgräbern vorbei, zum anderen hat man vom Buchberg mit seinen nicht einmal 460 Höhenmetern einen tollen Ausblick. An der schön gelegenen Kirche St. Laurenzi vorbei gelangt man nach Neulengbach mit seiner imposanten Burg.

3½ Std. **Aufstieg:** 400 m; **Abstieg:** 525 m **15 km**

Route: Bhf. Rekawinkel–Hügelgräber an der Erlaa-Siedlung–Buchbergwarte–Bhf. Neulengbach–St. Laurenzi–Almersberg

Einkehr: Schutzhaus Buchberg, Neulengbach

Anreise: S60 oder Regionalbahn

Rückreise: Regionalbahn

Fahrzeit An- / Rückreise: 45 Min / 1 Stunde

Abbruchsmöglichkeit: keine

Jahreszeit: ganzjährig

Wegmarkierungen: rot, blau, Beschilderung Höhenwanderweg, gelb

Höchster Punkt: Buchberg (469 m NN)

Sehenswertes: Hügelgräber, Buchbergwarte, St. Laurenzi, Burg Neulengbach

Karten: ÖK 5325, 5319 und 4342, Freytag&Berndt 011, Kompass 205

GPS-Wegpunkte (33 U): Bhf. Rekawinkel 0 576738 N 5336787, Hügelgräber 0 572172 N 5339191, Buchbergwarte 0 570174 N 5340507, St. Laurenzi 0 569230 N 5340593, Bhf. Neulengbach 0 567356 N 5338517

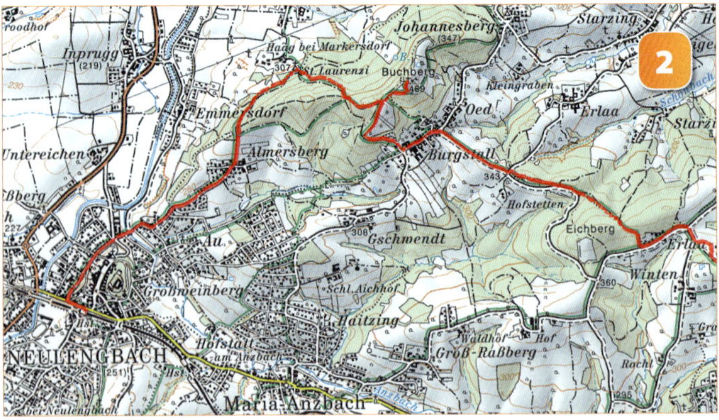

Aus Fahrtrichtung Wien kommend geht es am Bahnhof in Rekawinkel über die Bahnüberführung auf die Südseite der Gleise. Dann direkt rechts bergan Richtung Eichgraben, rot markiert bis zur Straße und dieser hinab nach rechts folgen. Vorbei an der Kirche St. Theresia über die Hauptstraße, dann links und gleich wieder rechts, blau markiert auf dem Höhenwanderweg bergan in die Forsthausstraße Richtung Buchberg (mit 2½ Std. angegeben). Weiter geradeaus in die Rittsteigstraße und an der Gabelung den Markierungen nach rechts in den Wald folgen. Nun auf dem Güterweg vorbei an Feldern, Wiesen und durch

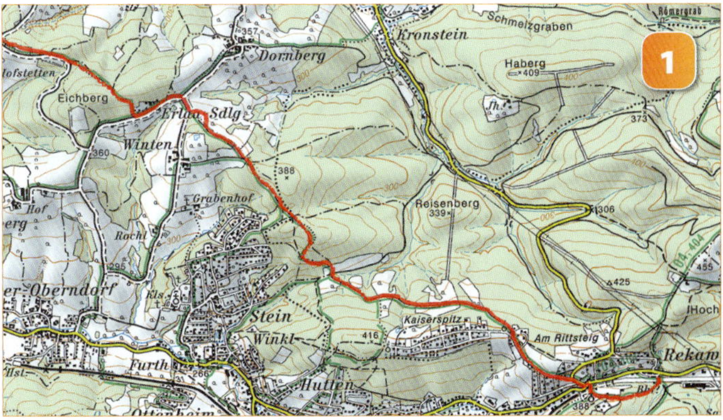

Wald. Immer weiter führen Markierungen „Höhenwanderweg“, und Wegweiser zu den Römergräbern auf den zusätzlich blau markierten Weg mal bergauf, mal bergab bis zur Erlaa-Siedlung. An deren Ende die Dornberger Straße dann nach rechts auf einen Pfad verlassen. Nach zirka 150 Metern steht man bereits mitten im römischen Hügelgräberfeld. Nach dessen Erkundung folgt man der Markierung weiter und verlässt an einer Gabelung den Weg links auf dem Pfad. Bald wird eine Straße erreicht, an deren rechter Seite ein weiterer Pfad parallel verläuft. Auf diesem geht es, an einer Bienenzucht vorbei, bis nach Burgstall. In Richtung „Schutzhaus Buchberg“ nach links ins Dorf hinein, und am Ende von Burgstall dann auf der Buchbergstraße bergan bis zur Warte mit dazu gehörigem Gasthaus. Auf der gleichen Straße ein Stück zurück, bis es nach rechts auf dem gelb markierten Weg weitergeht. An der nächsten Gabelung allerdings wieder blau markiert nach rechts bergab zur Kirche St. Laurenzi. Auch diese gilt es zu bestaunen, bevor man nach rechts erst am und dann bald im Wald entlang wandert. Danach verlässt man den Wald wieder gelb markiert Richtung Neulengbach. In Almersberg erst rechts und gleich wieder links auf der gleichnamigen Straße bergab, bis man im Tal den Anzbach in die Ulmenhofstraße quert. Dieser nun folgen bis in die Wiener Straße und dann links zum Bahnhof Neulengbach. Wer mag macht in der Ulmenhofstraße einen Abstecher über die Klosterbergstraße zum Schloss und geht über den Hauptplatz zur Wiener Straße. Auf dieser Strecke geht es dann nach rechts zum Bahnhof.

[13] Von Traismauer über Stift Göttweig nach Krems

Diese etwas längere Tour führt vom historisch interessanten Traismauer durchs Tullnerfeld. Am Wetterkreuz mit einer Kapelle sowie dem die Umgebung weithin dominierenden Stift Göttweig vorbei geht es mit einigen kleinen Steigungen nach Krems. Der Weg verläuft durch Tiefenfucha mit seinem Gedenkbergwerk, Mautern an der Donau und durch das malerische Stein an der Donau.

6½ Std. **Aufstieg:** 575 m; **Abstieg:** 600 m **26 km**

Route: Bhf. Traismauer–Wagram ob der Traisen–Wetterkreuz–Krustetten–Gedenkbergwerk Unterfucha–Stift Göttweig–Mautern–Stein–Bhf. Krems

Einkehr: Heurigen in Krustetten, Tiefenfucha, Mautern, Stein und Krems

Anreise: S40 ab Heiligenstadt

Rückreise: Regionalbahn über Heiligenstadt / Franz-Josefs-Bahnhof

Fahrzeit An- / Rückreise: 1½ Std. / 1½ Std.

Abbruchsmöglichkeit: Furth bei Göttweig, Bus in Krustetten

Jahreszeit: ganzjährig

Wegmarkierungen: rot-weiß-rot

Höchster Punkt: Stift Gögttweig (420 m NN)

Sehenswertes: Altstadt Traismauer, Wetterkreuz, Gedenkbergwerk Unterfucha, Stift Göttweig, Mautern, Stein und Krems

Karten: ÖK 4323 und 4324, Kompass 204 und 203 oder 204 und 207

GPS-Wegpunkte (33 U): Bhf. Traismauer O 555280 N 5355242, Wetterkreuz O 550972 N 5357892, Krustetten O 549012 N 5356711, Gedenkbergwerk Unterfucha O 547696 N 5357475, Stift Göttweig (Stiftskirche) O 545366 N 5357212, St. Stephan in Mautern O 542614 N 5360282, Pfarrkirche Hl. Nikolaus in Stein O 543089 N 5361166, Bhf. Krems O 544760 N 5361925

Vom Bahnhof Traismauer geht es erst nach rechts und dann im Bogen nach links die Bahnhofstraße entlang. Weiter, bis es links durch die Porta principalis dextra, einem römischen Tor, auf der Wiener Straße Richtung Stadtmitte geht. Am Hauptplatz rechts, Richtung Schloss und beim Kreisverkehr geradeaus, weiter über die Traisen. Rot-weiß-rot markiert folgt man dem Franz-Schubert-Weg beim nächsten Kreisverkehr links in die Herzogenburger Straße und gleich zweimal rechts, erst in die Nußdorfer Straße, dann in die Schlossgasse. Am Schloss Ritters-

feld vorbei und links in die Rittersfelder Straße. Nun rechts in den Wagrammer Weg, über den Mühlbach, auf dem markierten Weg bleiben und rechts des Baches weiter. Dem geschotterten Weg dann nach rechts folgen und ein gutes Stück geradeaus. Auf dem zweiten geschotterten Weg nach links und über die Schnell-

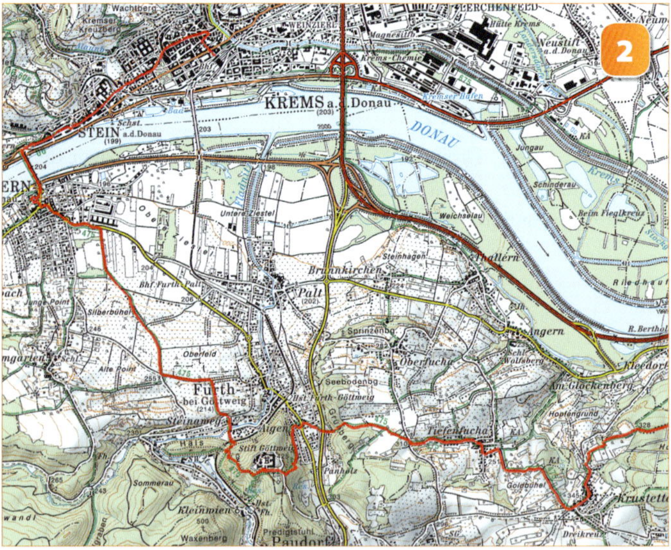

straße S33, immer noch rot-weiß-rot markiert nach Wagram ob der Traisen. Dort rechts in die Lerchenfelder Straße und bald wieder rechts in die Wagramer Straße. Auf dem Wetterkreuzweg geht es dann links auf dem „Großen Tullnerfeld Rundwanderweg" weiter. Rechter Hand stehen nun hohe Lößwände. Immer der Beschilderung folgen bis zu einer Kreuzung, dort links und gleich wieder rechts. Durch Wald und Weinberge dann bis zum Wetterkreuz mit Kirche und herrlicher Aussicht über das Tullnerfeld. Auf dem schmalen Pfad geht es dann kurz bergab und, immer noch mit rot-weiß-rot 475 markiert, bald auf dem Feldweg geradeaus leicht bergan weiter. Nun recht eben dahin rückt schon bald Stift Göttweig in Sichtweite. Vorbei am Pestkreuz bis zur Straße und dieser links nach Krustetten folgen. An zahl-

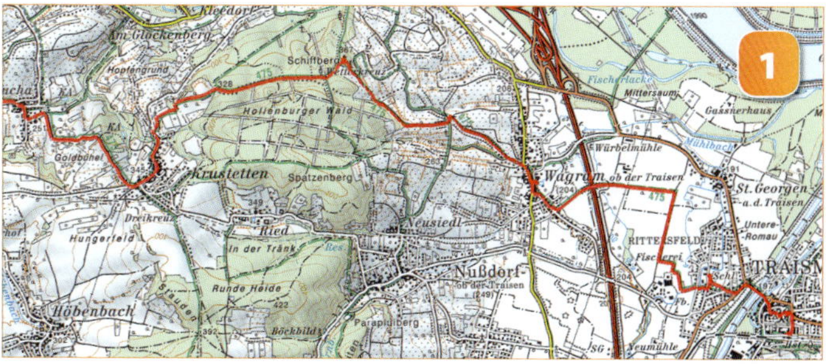

reichen Heurigen vorbei geht es am Ende der Ortschaft auf der Fuchastraße nach rechts weiter. Hier bitte vorsichtig wegen des Straßenverkehrs. Bis nach Tiefenfucha auf der Straße bleiben und dann erst links in die Kirchengasse und wieder rechts in die Dorfstraße. Der unteren Ortsstraße dann nach links folgen und am Gasthaus Tiefenböck sowie dem Gedenkbergwerk und der heiligen Barbara vorbei. Auf der oberen Ortsstraße Unterfucha verlassen und bis zur T-Kreuzung auf dieser weiter. Ein kleines Stück rechts und am Kreuz dann gleich wieder links, nun endlich die Straße auf dem Feldweg verlassen und geradeaus weiter. Zuerst am Wald entlang, bald in diesen hinein bergab nach Furth bei Göttweig. Die Straße queren und erst rechts in den Waldweg, dann links in die obere Landstraße. Gleich wieder rechts in den Villenweg und zwischen Hausnummer 100 und 102 führt links ein Pfad hinauf, an einer ehemaligen Materialseilbahn vorbei zum Stift Göttweig. Hier lohnt auf jeden Fall eine ausführliche Besichtigung. Vor dem Südeingang geht es dann auf einem zum Teil recht steinigen Pfad wieder bergab. Bald geradeaus weiter, dem Jakobsweg folgen unter den Gleisen hindurch nach Aigen. Dieses geradeaus durchqueren und dann bald wieder durch Lößhohlwege mit Infotafeln zu „Löß und Wein“. Immer auf dem Jakobsweg mit der rot-weiß-roten Markierung bleiben, am Hauerkreuz vorbei, mit Aussicht über die Weinberge. Am Parkplatz vorbei geht es dann vor der Kaserne links nach Mautern hinein. Über die St. Pöltener Straße bis zum Kreisverkehr, dann über die Baumgartenstraße weiter, an der Janaburg sowie dem Rathaus und der Kirche vorbei. Hier lohnt ein Abstecher ins Römermuseum und zur alten Stadtmauer. Über die Donaubrücke gelangt man nach Stein. Direkt nach der Brücke im Bogen nach rechts in die Steiner Landstraße. Auf dem Jakobsweg kommt man durch das malerische Stein an der Donau und bald an der Kunsthalle Krems vorbei. Über die Undstraße und die Schillerstraße dann, immer geradeaus, links am Stadtpark vorbei erst in die obere, dann in die untere Landstraße. Bis zu deren Ende weiter und nach rechts in die Göglstraße. Dann nach links in die Dinstlstraße und über den Bahnhofplatz zum Bahnhof Krems.

[14] Auf dem Welterbesteig Wachau bis Dürnstein

Vom Start der Tour, dem schönen Städtchen Krems, geht es über Stein ein Stück auf dem berühmten Welterbesteig hinein in die Wachau. Die Wanderung verwöhnt mit tollen Ausblicken auf die Donau und Dürnstein. Über die Burgruine Dürnstein geht es dann auch zur Besichtigung des malerischen Ortes.

4 Std. **Aufstieg:** 525 m; **Abstieg:** 525 m **14 km**

Route: Bhf. Krems–Donau-Universität Krems–vorbei an Stein und Oberloiben, Höhereck–Wachauer Weinblick–Burgruine Dürnstein–Bushalt oder Bhf. Dürnstein

Einkehr: Krems, Stein an der Donau, Dürnstein

Anreise: Regionalbahn nach Krems

Rückreise: Aufpassen! Bus WL1 und Bahn von Dürnstein nach Krems wechseln sich ab, ab Krems Regionalbahn

Fahrzeit An- / Rückreise: 1½ Std. / 1¾ Std.

Abbruchsmöglichkeit: Stein an der Donau

Jahreszeit: ganzjährig

Wegmarkierungen: Welterbesteig Wachau

Höchster Punkt: Ruine Dürnstein (310 m NN)

Sehenswertes: Altstadt und Piaristenkirche in Krems, Wein- und Felsenlandschaft, Burgruine Dürnstein, Dürnstein

Karten: ÖK 4317 und 4323, Freytag&Berndt 071, Kompass 207 oder 203

GPS-Wegpunkte (33 U): Bhf. Krems O 544760 N 5361925, Donau-Universität Krems O 543382 N 5361889, Lösswand nach Stein O 542131 N 5360970, Rastplatz über Rothenhof O 540729 N 5360339, Wachauer Weinblick am Höhereck O 539159 N 5360328, Burgruine Dürnstein O 538636 N 5360657, Bushalt Dürnstein O 538751 N 5360138, Bhf. Dürnstein O 538884 5360150

Geradeaus über den Bahnhofsplatz in die Dinstlstraße, im Vorbeigehen einen Blick auf die alte Stadtmauer linker Hand in der Mühlbachgasse erhaschend, geht es geradeaus in die Fußgängerzone. Durch die Spänglergasse dann gleich links in die malerische mittelalterliche untere Landstraße. Bald rechts in die Marktgasse und links im Bogen um die Pfarrkirche herum. Oberhalb der Kirche dann über die überdachte Piaristenstiege zur gleichnamigen Kirche, die auf jeden Fall einen Besuch lohnt!

Aus der Kirche herauskommend dann rechts und oberhalb der Kirche links in die Frauenberggasse. Nun weiter auf den Welterbesteig (diesem nun bis kurz vor der Ruine Dürnstein folgen). Am Bienengarten geht es rechts in die Alauntalstraße bis es wieder rechts die Kreuzbergstiege hinauf führt. Am Ende der Stiegen dann links auf der Straße hinab und bald rechts den Kögel Güterweg hinauf. Von nun an gibt es in regelmäßigen Abständen wundervolle Aussichten über Krems, das Tullnerfeld, hinüber zum Stift Göttweig und in die Hügel und Täler der Wachau. An Fels und Weinbergen geht es entlang, bis man nach einer Kehre wieder hinab nach Krems biegt. Nun rechts in die Alauntalstraße und den Alaunbach überqueren. An der Donau-Universität vorbei und über die Straße. Dem Philosophensteig dann weiter folgen bis über einen Pfad in die Kellergasse. Hier nach rechts, an zahlreichen Heurigen vorbei und den kreuzenden, rot-weiß-roten Weg ignorierend, weiter. Kurz vor den Bahngleisen steigt man dann über Stiegen hinab. Die Straße queren und auf der gegenüberliegenden Seite die Stiegen wieder hinauf. Nun oberhalb von Stein auf dem mit dem geschwungenen W markierten Weg bleiben. Durch die Weinberge wandert man mal bergan, mal bergab, an Weinbergshäusern vorbei. Meist in die Seitentäler hinein und gleich wieder zurück zur Donau hin. Dies ermöglicht eine Menge beeindruckender Ein- und Ausblicke. Bald rücken die Dörfer Ober- und Unterloiben mit den dahinterliegenden Weinbergsterassen ins Blickfeld. Es geht dann kurz hinab in den flachen Bereich der Weinberge und bald darauf, begleitet von Skulpturen mit Weinbezug, vorbei an einem Rastplatz mit Marterl wieder hinauf und am Hang entlang. Oberhalb von Oberloiben steuert man nach einer Spitzkehre erst auf das Dorf zu,

nach einer zweiten Kehre dann wieder bergan und links Richtung Naturschutzgebiet Höhereck weiter. Am hier geschützten Trockenrasen vorbei, bald wieder ins Seitental hinein und nach einer weiteren Spitzkehre nach links fast direkt auf den Bahnhof zu. Es geht aber erst rechts weiter, am Wachauer Weinblick vor-

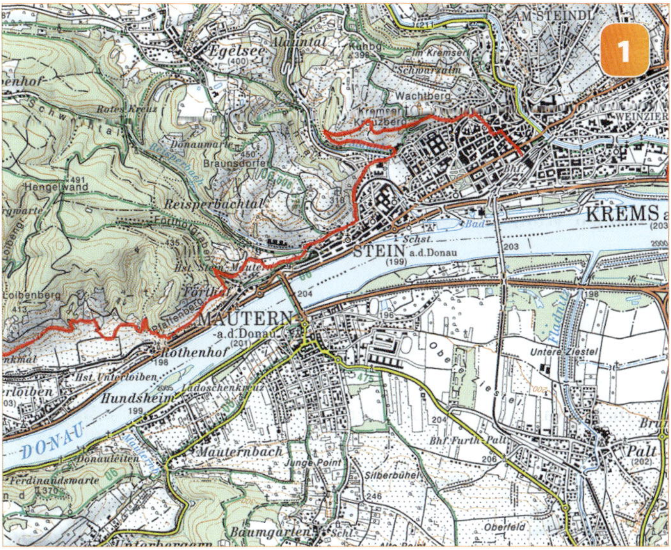

bei. Nun mit Blick zu Burg weiter auf diese zu. Es wird felsiger und auf der kleinen, sandigen und felsigen Freifläche belohnt ein toller Rundum-Blick auf Dürnstein, die Ruine sowie die umliegenden, fast schon mystisch wirkenden Felsen. Dann geht es Richtung Burg wieder hinab, den Welterbesteig verlassend hinauf zur Ruine. Diese bietet schon auf den Aufstieg allerhand Informationen zur Geschichte der Burg. Nach der Besichtigung nimmt man den Eselssteig etwas steiler bergab. Auf der Hauptstraße geht es nach links, durch das Stadttor und unter der Unterführung hindurch entweder zur Bushaltestelle direkt über der Unterführung oder ein Stück weiter geradeaus zum Bahnhof.

[15] Von Hadersdorf am Kamp zur Kamptalwarte

Im Kulturpark Kamptal wurde schon zur Bronzezeit gesiedelt, aber sicher nicht nur wegen der schönen Landschaft, die auf der Tour ins Auge sticht. Immerhin gehört das Gebiet zu einem UNESCO Geopark. Die Tour führt durch Weinberge hinauf zur Warte, die allerdings meist nur an Wochenenden geöffnet ist. Am Rückweg gelangt man durch das Kamptal, oft in Flussnähe wieder ins beschauliche Hadersdorf.

3½ Std. **Aufstieg:** 175 m; **Abstieg:** 175 m **13,5 km**

Route: Bhf. Hadersdorf (Kamp)–Kammern–Kamptalwarte–Kamptal–Haindorf–Bhf. Hadersdorf

Einkehr: in Hadersdorf

An- und Rückreise: Regionalbahn von Franz-Josefs-Bhf. oder Heiligenstadt bis Hadersdorf am Kamp

Fahrzeit An- / Rückreise: 1¼ Std. / 1¼ Std.

Abbruchsmöglichkeit: keine

Jahreszeit: ganzjährig, außer während und nach starkem Regen (Hochwasser!)

Wegmarkierungen: meist unmarkiert, ab Warte rot

Höchster Punkt: Wald vor der Kamptalwarte (360 m NN)

Sehenswertes: Kamptal und die Warte, Hadersdorf Hauptplatz

Karten: ÖK 4318, F&B 072, Kompass 204

GPS-Wegpunkte (33 U): Bhf. Hadersdorf (Kamp) O 552821 N 5366183, Hadersdorf Hauptplatz O 553275 N 5367526, Geißbergsattel O 553424 N 5370413, Kamptalwarte O 551960 N 5370760, Kamptal bei Haindorf O 551549 N 5369429

Noch bevor die Wanderung startet, lohnt sich ein kleiner Stopp. Direkt links des Bahnhofs gibt es bereits einige Informationen zu Geschichte und Region, die auf jeden Fall lesenswert sind. Auch sind hier bronzezeitliche Fundstücke ausgestellt. Die Wanderung beginnt dann auf der B35 nach rechts, am Heurigen vorbei Richtung Hadersdorf. Es geht wieder nach rechts über die Gleise und später über den Kamp nach Hadersdorf hinein. Direkt am Ortseingang nimmt man rechts die Kremser Straße und quert über die Mühlkamp. An der Kirche St. Peter und Paul, am spätromanisch-frühgotischen Karner und dem Rathaus vorbei geht es links am Gasthaus Färberstub'n vorbei den runden Hauptplatz verlassend. Die Leuthnersiedlung entlang und die B35 que-

rend wird Hadersdorf verlassen. Es geht am Mühlenkamp geradeaus weiter und bald im Bogen nach rechts. Durch Kammern geradeaus hindurch über die Kamptalstraße und gegenüber auf dem Feldweg weiter. Diesem Feldweg im Bogen nach links folgen und ein gutes Stück geradeaus bis zur Straße. Auf dieser nach rechts und nach zirka 100 Meter nach links an der Steinbank vorbei durch die ersten Weinberge. Das blaue Marterl passieren und durch die Weinkellerstraße immer geradeaus langsam bergan in die Weinberge. Den Geißberg zur rechten steigt man auf geschottertem Weg bergan bis es auf einem besser ausgebauten Weg weitergeht. Nun am Marterl mit Rastplatz links weiter bergan, den Geißberg im Rücken auf den Wald zu. Am Waldrand dann nach links, Richtung Kamptalwarte. Bereits

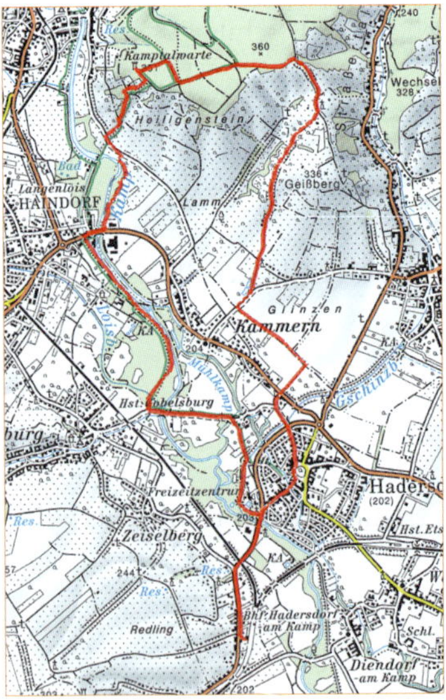

hier wird man mit einer tollen Aussicht über das südliche Vorland belohnt, meist kann man Stift Göttweig gut erkennen. Nun geht es auf dem Weg eben weiter durch lichten Wald. Dann, endlich markiert, rot und blau folgend, auf einem Pfad weiter. Auf dem markierten Weg geht es durch dieses herrliche Waldstück erst nach rechts und bald nach links bis zur Kamptalwarte. Nach der Besteigung der Warte (so sie geöffnet hat) folgt man dem geschotterten Weg rot markiert Richtung Hadersdorf. Bald biegt der Weg rechts hinab, am Faßdaubenkreuz vorbei und relativ steil mit Blick auf den Kamp bergab. Vor dem nächsten Feldweg führt schon links der rot markierte Pfad weiter bergab in Richtung der kleinen Staustufe im Kamp. Die Straße queren und nach einem kurzen Stück nach rechts, dann gleich wieder nach links auf einem Pfad weiter, der Beschilderung „Rundwanderung Kamptalwarte am Heiligenstein" folgen. Bald geht es direkt am Kamp stromabwärts entlang. Erst etwas erhöht, dann direkt in der Aue auf dem schmalen, rot markierten Pfad. Man quert die nächste Brücke nach rechts und geradeaus über eine zweite Brücke. Nach dieser biegt man vor dem Autohaus nach links, nun blau markiert weiter. Bald den Rundwanderweg verlassen, an der neu angelegten Fischtreppe rechts vorbei immer weiter am Kamp entlang. Auf einem schmalen und oft recht verwachsenen Pfad dann in einer Rechtskurve weiter bis zur Straße. Hier nun links bis es nach einer Rechtskurve wieder blau markiert an einem Gestüt weitergeht. Vor der Brücke gegenüber eines markanten Grenzsteins wandert man rechts weiter in Richtung der Tennisplätze. Über die nächste Brücke nach links und am Freizeitbereich mit dem Erlebnisbeisl Almrausch vorbei bis zur B35. Dieser dann auf bekanntem Weg nach links bis zum Bahnhof folgen.

[16] Wein- und steinreiche Tour bei Eggenburg

Eine mystisch angehauchte Tour nahe der schönen, mittelalterlichen Stadt Eggenburg. Durch das Weindorf Stoizendorf geht es zu den imposanten Felsskulpturen der Feenhaube und der Kogelsteine. Den Abschluss der Tour bildet dann die Grabkapelle oberhalb von Eggenburg.

4 Std. **Aufstieg:** 300 m; **Abstieg:** 300 m **16,5 km**

Route: Bhf. Eggenburg–Eggenburg Zentrum–Lateinbach–Weinhüterkreuz Stoizendorf–Feenhaube–Kogelsteine–Grabkapelle–Bhf. Eggenburg

Einkehr: in Eggenburg

An- und Rückreise: Regionalbahn vom Franz-Josefs-Bhf. oder Heiligenstadt bis Eggenburg

Fahrzeit An- / Rückreise: 1½ Std.

Abbruchsmöglichkeit: keine

Jahreszeit: ganzjährig

Wegmarkierungen: Bertha-von-Suttner-Radweg, Stein und Wein Runde

Höchster Punkt: Grabkapelle (390 m NN)

Sehenswertes: Weinhüterkreuz und Rebsorten-Lehrpfad Stoizendorf, Feenhaube, Kogelsteine, Grabkapelle, Eggenburger Altstadt

Karten: ÖK 4312, Freytag&Berndt 073, Kompass 204

GPS-Wegpunkte (33 U): Bhf. Eggenburg O 560050 N 5387552, Lateinbach O 562503 N 5388908, Weinhüterkreuz O 563177 N 5389732, Rebsorten-Lehrpfad Stoitzendorf O 563875 N 5389071, Feenhaube O 563075 N 5388242, Kogelsteine O 562971 N 5387911, Grabkapelle O 561114 N 5387632

Am Bahnhofsrestaurant nimmt man die Bahnhofsstraße rechts hinab. Die zweite Straße links in die Museumsgasse und geradeaus über den Fußweg auf den Krahuletzplatz mit gleichnamigem Museum. Geradeaus weiter durch die Kremser Straße, vorbei am Rathaus durch die malerische Altstadt. Halblinks über den Hauptplatz und gleich rechts in die Eggenstraße. Durch das alte Eggentor die Stadtmauer passierend zum Kreisverkehr, an diesem links abbiegen. Am Teich vorbei geht es dann nach der kleinen Schmida rechts in die Felberstraße. Am SKE-Stadion links in die Josef-Deimel-Straße. Nach dem Sportplatz verlässt man auf dem rechten Güterweg Eggenburg. Im Bogen nach

links, das Bächlein queren und am Strommasten rechts auf die Riesling-Route bzw. den Bertha-von-Suttner-Radweg einbiegen. Nun geht es hinein in die Felder. Rechter Hand liegt der Vitusberg. Den Radwegbeschilderungen nun erst nach links, dann gleich wieder nach rechts bis zum Lateinbach folgen. Auf dem Güterweg über eine Brücke und an den ersten Reben vorbei. An einer Gabelung geradeaus dem Wegweiser Stein und Wein folgen, im Bogen nach links und dann die Kellergasse wieder links hinauf. Nach einem Kreuz vor einem Granitblock rechts Richtung Weinhüterkreuz weiter, an der kleinen, recht neuen Kapelle vorbei bergan bis zum Weinhüterkreuz. Hier die schöne Aussicht nach Osten genießen und wieder zurück bergab und durch

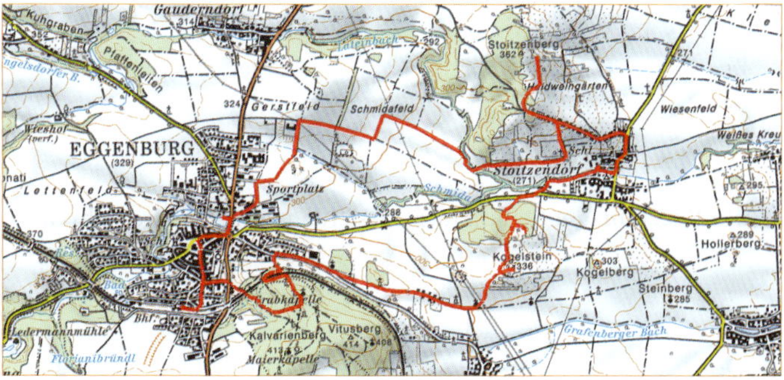

die Kellergasse, diesmal bis zu deren Ende nach Stoitzendorf hinein. Man gelangt an manchem Buschenschank und an einem erstaunlich ausführlichen Rebsorten-Lehrpfad vorbei. Nach dem Lehrpfad auf der Landstraße rechts bis zur kleinen Schmida. Nach dieser wieder rechts, erst über eine Straße, dann über einen Pfad, Stoitzendorf wieder verlassen. An einem betagten Gehöft links und gleich wieder rechts. Die Bundesstraße queren und in den nächsten Weg links Richtung Feenhaube und Kogelstein biegen. Erst am Waldrand entlang, dann nach links in den Wald hinein etwas bergan bis zu den sehr imposanten Granitformationen der Feenhaube. Wieder zurück auf den Weg am Waldrand geht es dann links weiter in Richtung der Kogelsteine, die gut sichtbar den Weg weisen. Ein kleines Stück nach rechts um diese herum und an der Infotafel dann hinauf zur näheren Begutachtung. Wieder zurück auf den Pfad und nach links weiter, bis zur Bach-Kapelle. Am Marterl geradeaus gelangt man in eine kleine Kellergasse. Diesem Weg dann immer geradeaus folgen bis zur Straße. Ein Stück nach Eggenburg hinein und links hinauf Richtung Kalvarienberg. An der Förstergruft vorbei, links auf Graß dem Kreuzigungsweg folgen bis zum Bahndamm. Auf diesem nach rechts und bald links über die Brücke. Nach der Brücke wieder links, bis der Kreuzigungsweg wieder rechts bergan führt. Nun an imposanten Statuen und Figurengruppen vorbei bis zur Grabkapelle. Dort rechts weiter bis es wieder rechts Richtung Schindergraben abzweigt und geradeaus am Spielplatz vorbei. Dann auf einem Pfad bergab, erst rechts halten und am Infoschild zur roten Waldameise links weiter. Unter den Bahngleisen hindurch dann links hinauf zur Straße. Diese überqueren und am Schwedenturm und der Stadtmauer vorbei zum Krahuletzplatz und auf bekanntem Weg zurück zum Bahnhof.

[17] Über das Blumendorf Hornsburg ins Kreuttal

Das Kreuttal bietet eine idyllische Kulisse für eine herrliche Wanderung im Weinviertel. Es geht durch eine typische Kellergasse zum Blumendorf Hornsburg, dann hinab zur Luisenmühle und auf einem wildromantischen Wanderweg ein Stück das Kreuttal hinauf. Am Kreuttaler Aussichtsturm vorbei gelangt man dann nach Schleinbach.

4 Std. **Aufstieg:** 350 m; **Abstieg:** 375 m **15,5 km**

Route: Hautzendorf–Hornsburg–Luisenmühle–Glockenberg–Schleinbach

Einkehr: in Hautzendorf und Schleinbach

An- und Rückreise: S2 Richtung Mistelbach

Fahrzeit An- / Rückreise: 50 Min / 50 Min

Abbruchsmöglichkeit: an der Luisenmühle zurück nach Hautzendorf

Jahreszeit: ganzjährig

Wegmarkierungen: Wanderpuzzle Wolkersdorf, RWW 23c, rot-weiß-rot, blau, Euro-Velo 9

Höchster Punkt: Glockenberg (360 m NN)

Sehenswertes: Kellergasse in Hautzendorf, Blumendorf Hornsburg, das Kreuttal sowie zahlreiche schöne Aussichten über das Weinviertel

Karten: ÖK 5314, Freytag&Berndt 014, Kompass 204 oder 205

GPS-Wegpunkte (33 U): Hautzendorf O 610388 N 5367495, Rebsorten-Lehrpfad Hornsburg O 607085 N 5369148, Luisenmühle O 608054 N 5366718, Abzweig vor Drechslermühle O 606864 N 5366441, Aussichtsturm Glockenberg O 608043 N 5365280, Bhf. Schleinbach O 610232 N 5364271

Vor dem Gasthaus zur Eisenbahn geht es links bergab, wieder links, dann unter den Gleisen hindurch. Noch einmal links in die Kellergasse dem Wanderpuzzle Wolkersdorf bergan folgen. In die Kellergasse dann nach rechts Richtung Blumendorf Hornsburg einbiegen. Diese wird bald zum Hohlweg und es geht an der nächsten Gabelung dann rechts weiter, mit herrlicher Aussicht über die Weinberge bergan. Auf dem Weg bleiben an Weinbergen und Feldern vorbei in den Wald. An der Waldandacht vorbei weiter dem Wanderpuzzle folgen und an der nächsten Gabelung Richtung Hornsburg weiter. Ein wenig bergab und aus dem Wald heraus am Waldrand auf geschottertem Weg weiter. Bevor man ins Dorf gelangt, wird man noch einmal

mit einer tollen Aussicht nach Norden belohnt. In Hornsburg geht es den Weinlehrpfad bergab, den Wegweisern des Rundwanderweges 23c durch das Dorf folgen. Auf der Hauptstraße an einem Spielplatz vorbei, auf der nun rot-weiß-rot markierten

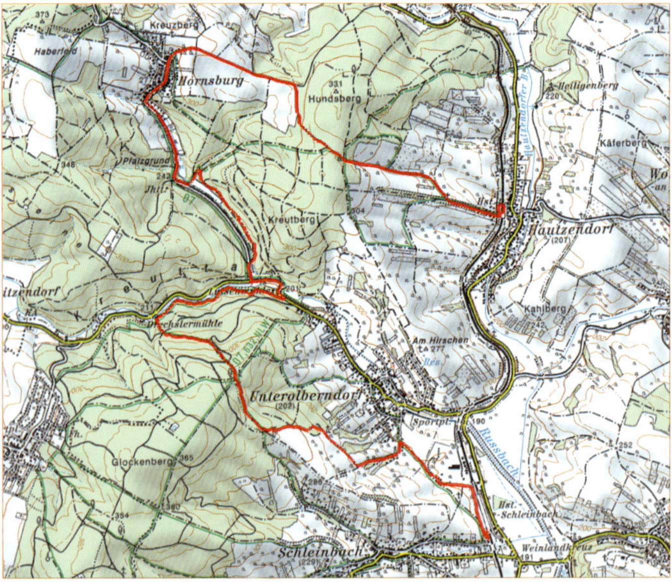

Straße aus dem Dorf hinaus und bald im Bogen nach links in den Wald. Nach der Linkskurve geht es erst nach links auf einen Forstweg, dann gleich wieder rechts parallel zur Straße auf dem Rundwanderweg 23c weiter. Auf dem etwas verwachsenen Weg wandert man bergab, dann über eine Brücke und auf der Straße wieder nach links weiter. An der Kreuzung biegt man wieder links zur Luisenmühle. Gegenüber der Mühle nur wenige Meter auf dem Waldlehrpfad weiter, bevor es nach der Beschreibung der Steineiche nach rechts über die Straße geht. Dann führt die Route nochmals nach rechts Richtung Drechslermühle weiter. Auf diesem wunderschönen Weg entlang des Russbachs gelangt man nun bis kurz vor die Drechslermühle. Vor der Brücke steigt man nach links auf einem schmalen, blau markierten Pfad recht steil bergan. An der nächsten Gabelung nimmt man halblinks den Forstweg, der meist sanft bergan führt. Am Schutzhaus mit einigen Infotafeln geht es dann wieder halblinks auf dem blau markierten Waldlehrpfad weiter. An der nächsten Kreuzung links Richtung Aussichtsturm und die lohnende Aussicht genießen. Nun bergab nach Unterolberndorf am Waldrand entlang. Kurz vor dem Ende des Waldes links abzweigen und gleich wieder nach rechts, bevor man den Wald verlässt am Bildstock geradeaus. Dem Feldweg dann bis ans Ende folgen und links hinab weiter, wieder an Kellern vorbei. Bald geht es rechts auf dem Euro-Velo-9-Radweg weiter bis links das Ziel der Wanderung mit dem Bahnhof Schleinbach erreicht ist.

[18] Durch den Hochleitenwald

Diese waldreiche Tour führt, mit etwas Orientierungsgeschick, relativ ruhig und ungestört durch diesen landschaftlich unterschätzten Wald hindurch. Vom beschaulichen Groß Schweinbarth mit seinem Niederösterreichischen Museum für Volkskultur geht es durch den Hochleitenwald, vorbei an Ölförderungsanlagen und einer Bildereiche steigt man hinab nach Wolkersdorf mit seinem imposanten Schloss.

4 Std. **Aufstieg:** 250 m; **Abstieg:** 225 m **16 km**

Route: Bhf. Groß Schweinbarth–Hochleitenwald–Bildereiche–Waldheuriger–Bhf. Wolkersdorf

Einkehr: Waldheuriger, Wolkersdorf

Anreise: S2 bis Obersdorf, dann Regionalbahn Richtung Gänserndorf oder ab Gänserndorf Richtung Obersdorf

Rückreise: S2

Fahrzeit An- / Rückreise: 1 Stunde / 30 Min

Abbruchsmöglichkeit: keine

Jahreszeit: ganzjährig

Wegmarkierungen: meist unmarkiert, erfordert ein wenig Orientierungsgeschick

Höchster Punkt: erste Ölpumpe (260 m NN)

Sehenswertes: Ölpumpen, Hochleitenwald, Bildereiche und Wolkersdorf im Weinviertel

Karten: ÖK 5314 und 5320, Freytag&Berndt 014, Kompass 204 oder 205

GPS-Wegpunkte (33 U): Bhf. Groß Schweinbarth O 621369 N 5364059, ÖMV-Anlage O 617624 N 5363809, Bildereiche O 616046 N 5361503, unmarkierter Weg am Waldrand O 615140 N 5360263, Waldheuriger O 614567 N 5360869, Bhf. Wolkersdorf O 612010 N 5359508

Am Bahnhof nimmt man die Straße nach links, um vor dem Sportplatz nach rechts abzubiegen. Nun geht es bis zur T-Kreuzung, dann nach rechts über die Brücke. Dort links in den Bahnsteig bis es wieder links auf der Hauptstraße weitergeht. Nun wandert man am Museum für Volkskultur und am Schloss vorbei. Direkt nach dem Museum geht es dann rechts und gleich wieder rechts in die Meierhofgasse. Bald links über die Stiege zur sehenswerten Kirche St. Martin. Dann ein weiteres Mal links an der Kirche vorbei und vor dem Friedhof rechts.

An dessen Mauer entlang dann das Dorf verlassen und durch den, zum Teil beachtlichen Lößhohlweg bergan. Kurz vor Ende des Hohlweges gibt es rechter Hand oberhalb des Weges einen schönen Aussichtspunkt namens „Hochbehälter“, den man sich nicht entgehen lassen sollte. Dann wieder zurück und auf dem Hohlweg weiter bergan, nun durch Weinberge. Ein kleines Stück hinter der Kuppe verlässt man den Weg im Bogen nach rechts. Kurz vor Ende des Weges links in den Wald hinein und auf dem nächsten Forstweg rechts weiter, an einer Schranke vorbei. Nun bis zum Zaun geradeaus und links am Zaun entlang. Nach zirka 200 Metern rechts und am Ende des Weges wieder nach links weiter. Ab hier gilt nun ein strenges Rauchverbot und auch sonstiges Hantieren mit Feuer ist dringend zu unterlassen! Vorbei an der ÖMV-Anlage und ersten Ölpumpen geht es auf der Straße weiter. Erst über eine Kreuzung, dann der Linkskurve folgen und bald rechts abbiegen, immer den Geräuschen der Ölpumpen nach. An den nächsten Pumpen geht es dann durch das Tor im Zaun weiter auf der Straße. Nach einiger Zeit geht der Straßenbelag in Schotter über. Auf diesem marschiert man immer weiter, durch lichten Wald und über Lichtungen bis zur stark gestützten Bildereiche. Weiter geht es bis zu einem Zaun. Der einfachere Weg führt hier nun nach rechts, der Zweigeltroute folgend. Man trifft am Waldheurigen dann wieder auf den,

zugegeben etwas schöneren, aber schwer zu findenden Weg, der auf der Karte und im folgenden beschrieben ist. Der eigentliche Weg verläuft nun geradeaus, den Wald verlassend und weiter Richtung Pillichsdorf. Die Aussicht auf Wien von dieser Seite ist an schönen Tagen ein Augenschmaus. Es geht dann auf dem ersten Weg nach rechts am Waldrand entlang, bald der Kurve nach

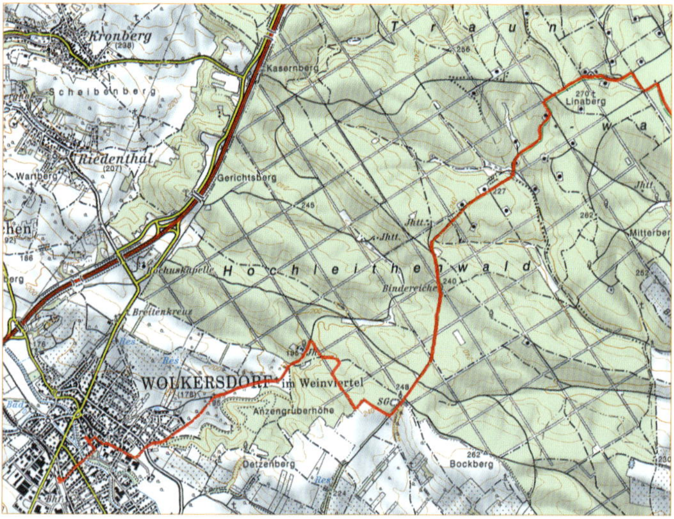

links folgend. Kurz vor Ende des Waldes biegt man rechts in die Schneise hinein und geradeaus. Zirka 100 Meter vor dem Hochsitz dann rechts dem Pfad folgen, bis es bald auf geschottertem Weg (der oben angesprochenen Zweigeltroute) nach links weiter zum Waldheurigen geht. Von hier aus gelangt man nach Wolkersdorf, immer der Beschilderung „Wanderpuzzle Wolkersdorf" folgend. Bald ist rechter Hand das Dorf erreicht und es geht auf einem Waldlehrpfad weiter. Die Boindelfeldstraße queren und gegenüber auf dem Pfad weiter, bis man vor dem Gymnasium nach rechts in die Withalmstraße gelangt. Am Schloss und an der Pestsäule vorbei, wird das Schloss über den Kirchplatz, die Haasgasse und die Hogartenstraße umrundet. Am Ende kommt man rechts in die Bahnallee und dieser folgend bis zum Bahnhof.

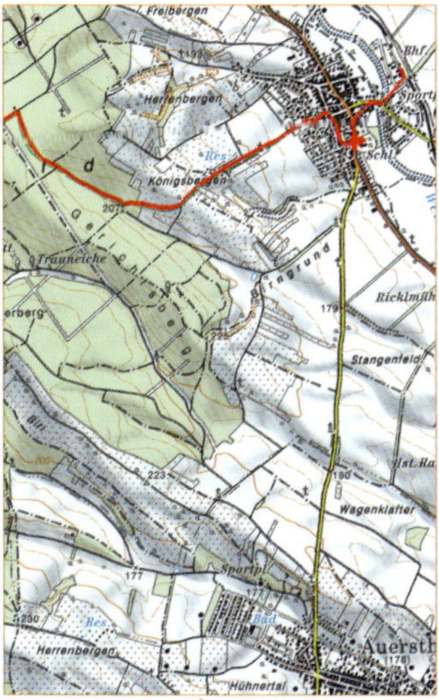

[19] Breclav-Lednice-Rundwanderung

Eine wunderschöne, etwas längere Tour mit vielen Sehenswürdigkeiten, nicht nur in Breclav und Lednice. In der ersten Hälfte geht es hauptsächlich durch einen wunderschönen Wald mit Fluss-Altarmen. In der zweiten Hälfte der Tour, nach der Durchquerung des wunderschönen Dorfes Lednice kann man sich dann von zahlreichen Kulturdenkmälern entlang der Strecke überraschen lassen.

5½ Std. **Aufstieg:** 175 m; **Abstieg:** 175 m **25 km**

Route: Breclav–Januv Hrad–Lednice–Novy Dvur–Chram Tri Gracii–Svaty Hubert–Breclav

Einkehr: in Breclav und Lednice

An- und Rückreise: Zug direkt nach Breclav

Fahrzeit An-/Rückreise: 1¾ Std./1¾ Std.

Abbruchsmöglichkeit: Bahnhöfe in Lednice

Jahreszeit: ganzjährig

Wegmarkierungen: erst grün, kurz gelb und später rot, am Ende wieder gelb

Höchster Punkt: Chrám Tří Grácií (186 m NN)

Sehenswertes: historischer Kern von Lednice, die nachgebildete Burg Januv Hrad, zahlreiche weitere Monumente am Weg

Karten: ÖK 5309, Freytag&Berndt 014, Kompass 204, Shocart 64

GPS-Wegpunkte (33 U): Breclav 0 639145 N5401806, Januv Hrad 0 634504 N 5407374, Lednice 0 632554 N 5406936, Chram Tri Gracii 0 632029 N 5404006, Svaty Hubert 0 632780 N 5402435

Den Bahnhof in Fahrtrichtung links verlassen und geradeaus, rechts an der Kirche vorbei und durch die kurze Fußgängerzone am Park entlang. Nach der Fußgängerzone geradeaus auf der Einkaufsstraße weiter. Nach einem kurzen Stück halblinks über die Dyie und wieder geradeaus der Straße folgen. An der Kirche nach links ab und über die nächste Brücke. Nach dem Billa-Markt dann rechts Richtung Zamek und nun auf dem Eurovelo 9 weiter. An der Sporthalle vorbei, dann grün und gelb markiert über die Brücke. Nun in den Wald und somit in den Nationalpark. Hier rechts halten und nun zirka 6 km auf dem grün markierten Rad- und Wanderweg weiter durch einen herrlich urigen Wald mit zahlreichen alten Bäumen, urtümlichen Seen und sich schlängelnden Fluss-Altarmen. An einer stark beschil-

derten Kreuzung geht es dann geradeaus und bald halbrechts auf dem mit einem liegenden grünen T markierten Weg zum Wasserschloß Januv Hrad. Nach einer Besichtigung des tollen nachgebauten Schlosses geht es zurück zur Kreuzung und dort rechts auf dem gelb beschilderten Weg aus dem Wald heraus. An einer kleinen Villa vorbei und über die Niva Dyie kommt

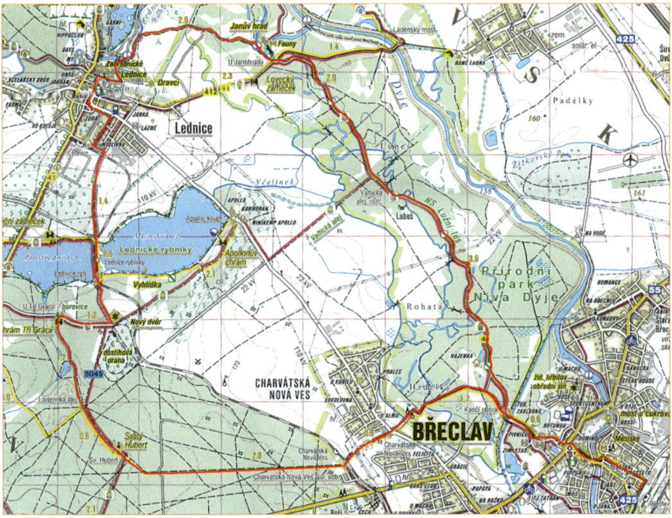

man nun nach Lednice. Dort weiter auf dem Eurovelo 9 bis zu einem Wegweiser, welcher nach rechts zum Zentrum führt. An der Parkmauer entlang die erste Möglichkeit rechts in den Park nutzen und am imposanten Brunnen vorbei, An den beiden einzeln stehenden Bäumen dann links zu Schoss und Kirche. Wer mag, wirft einen Blick hinein und ruht sich im angeschlossenen Restaurant aus. Weiter geht es dann links am Hotel/Restaurant vorbei, am Platz links halten und dann auf roter und gelber Markierung die nächste, gepflasterte Straße links hinein weiter. Dann direkt rechts ab in den Park und nun der roten Markierung folgen. Die Straße queren und an der Gabelung links, bald auf schmalem Pfad bis zum Bahnhof Lednice, der eine Möglichkeit zum Abbrechen der Tour bietet. Es geht nun vor dem Bahnhof links weiter erst an den Gleisen entlang, dann diese am Ende des Bahnhofs nach rechts queren und nun immer weiter auf der rot markierten Allee. Links sieht man das Apollonuv chram. Bald an Gleisen entlang gelangt man zwischen zwei Seen hindurch zum Bahnhof Lednice Rybniky. Nach den Seen geht es erst geradeaus bis zum Novy Dur, einem „neuen“ historischen Gestüt, und dann rechts weiter, immer noch rot markiert. An der nächsten Kreuzung der gewählten Farbe treu bleiben und am wirklich imposanten Tempel-Nachbau „Chrám Tří Grácií“ links vorbei weiter, nun wieder auf sandigem und schmalerem

(Rad-)Weg. An der nächsten, größeren Kreuzung geht es rot und gelb weiter Richtung Breclav (8,5 km). Am imposanten Denkmal Svaty Hubert vorbei und nun bis Breclav stur auf dem gelben Weg bleiben. Bald den Wald verlassen und die Bahngleise querend, geht es zwischen den Häuserreihen dahin, über die Straße und den dahinter liegenden Damm mit zugehörigem Fluss. Nach einer kleinen Rechtskurve wieder nach links weiter in den Wald. Auch hier der gelben Markierung treu bleiben erst auf breitem Güterweg, dann auf schmalem Pfad bis es auf bekanntem Terrain weitergeht. Nun den Weg zurück, erst an der Sporthalle vorbei, dann am Billa-Markt links, an der Kirche vorbei und den Einkaufsstraßen sowie der Fußgängerzone zum Bahnhof folgen.

[20] Von Marchegg nach Devin

Diese Tour führt, vorbei an Schloss Hof, über die relativ neue Fahrradbrücke in die Slowakei. Sie beeindruckt mit dem Sandberg, der mächtigen Burgruine Hrad Devin im gleichnamigen Ort Devin (Theben) sowie einigen tollen Ausblicken auf die Donau und das Marchfeld.

5½ Std. **Aufstieg:** 800 m; **Abstieg:** 800 m **23 km**

Route: Bhf. Marchegg–Fahrradbrücke–Devínska Nová Ves–Devin–Devínska Kobyla–Bhf. Devínska Nová Ves

Einkehr: Devínska Nová Ves, Devin

An- und Rückreise: Regionalbahn Richtung Marchegg oder Bratislava, Rückreise Richtung Wien Hbf oder Wien Stadlau

Fahrzeit An- / Rückreise: 1 Stunde

Abbruchsmöglichkeit: Devínska Nová Ves

Jahreszeit: ganzjährig

Wegmarkierungen: blau-gelb, blau, rot, am Ende grün

Höchster Punkt: am Devínska Kobyla (500 m NN)

Sehenswertes: Schloss Hof, Sandberg, Devin mit Burg

Karten: ÖK 5321, 5327 und 5328, Freytag&Berndt 013, Kompass 205, Harmanec 127

GPS-Wegpunkte (33 U): Bhf. Marchegg O 642432 N 5345783, Fahrradbrücke O 645959 N 5341625, Sandberg O 646720 N 5340499, Burg Devin O 647048 N 5337517, Aussichtspunkt am Devínska Kobyla O 648227 N 5338543, Bhf. Devínska Nová Ves O 646813 N 5342528

An der Haltestelle Marchegg Bahnhof über den Bahnhofsvorplatz, die Bahnstraße rechts hinein und das Dorf durch die Unterführung verlassen. Der Straße folgen und nach dem nächsten Haus links in den Feldweg. Diesem im Bogen nach rechts folgen und auf geschotterter Kreuzung rechts. Nun rückt gelegentlich die March ins Blickfeld, es sind recht häufig Störche zu sehen. Rechter Hand hat man einen Blick auf Schloss Hof. An einer Gabelung geht es Blau-Gelb auf dem niederösterreichischen Landesrundwanderweg halbrechts ungeschottert weiter. Am Damm dann links und über die Brücke in die Slowakei. Am Spielplatz mit Kiosk geht es links ein Stück zurück und dann gleich wieder links, Richtung Bratislava und Devin Hrad unter der Brücke hindurch. An der Bushaltestelle die Straße queren

und geradeaus in die Primoravska Straße. Vor der Pension Helios dann rechts in die Na Skale, blau markiert weiter. Dieser folgen, unterhalb des imposanten Sandbergs mit toller Aussicht auf Devin und die March vorbei. Dann am Ankerdenkmal auf dem schmaler werdenden Pfad vorbei, durch niederen Wald bis zum einem Steinbruch. Nach dem Steinbruch kurz auf dem Güterweg und dann gleich Richtung Devin links den Pfad bergauf, immer noch blau markiert. Ein gutes Stück im Wald dahin, an einem Aussichtspunkt rechter Hand vorbei. Weiter, am von links kommenden, gelben Weg vorbei, geradeaus, und oberhalb Devins nach einem Zaun rechts bergab ins Dorf. Der Hadia Cesta bergab folgen, dann rechts auf Kremelská und wieder rechts in die Muranska Ulicats einbiegen. Über den Parkplatz rechts, vorbei an den Gasthäusern, und links hinauf zur sehenswerten Burg (Eintritt ca. 5 €) mit Ruinen einer alten Kirche und zahlreichen tollen Ausblicken. Dann zurück über den Parkplatz, und nach den Gasthäusern rechts, unterhalb der Burg an den öffentlichen Toiletten vorbei rot und gelb markiert weiter auf der Muránska. Der Linkskurve folgen in die Hradná, und am Weltkriegsdenkmal vorbei. Dann rechts in die Kremelská Richtung Hradna Ulica und vor der Kirche links, gelb und rot markiert leicht bergan. An der Stiege links, bis es auf schmalem Pfad rot markiert weitergeht. Auch im Wald dann auf dem roten

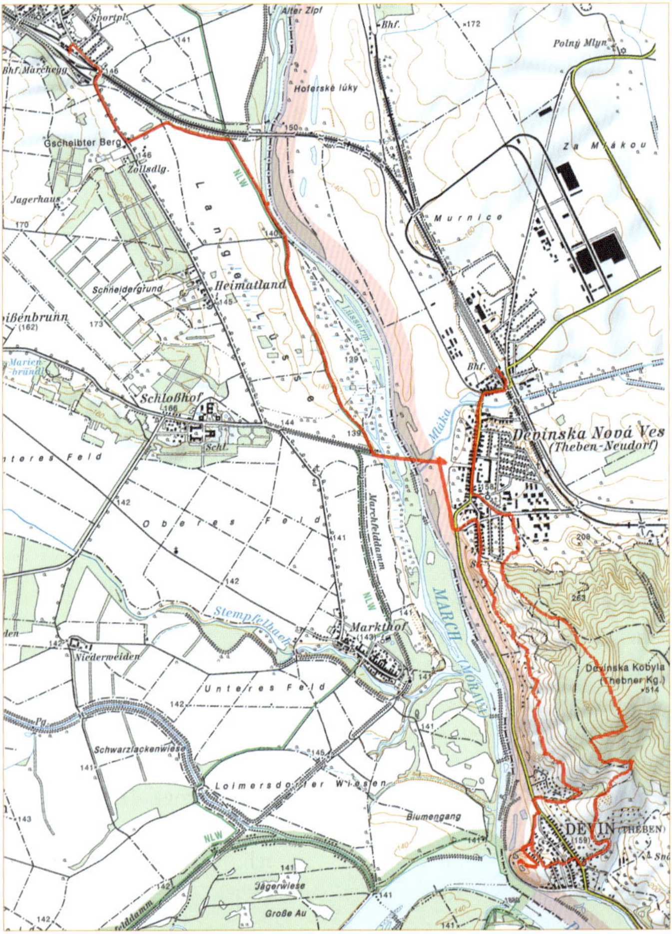

Weg bleiben, an zum Teil beeindruckenden Bäumen vorbei. Erst sanft und dann steiler bergan bis zu einem Aussichtspunkt mit herrlichem Blick nach Südwesten über die Donau. Dann links weiter auf rot und grün markiertem Weg, meist durch lichten Wald sanft hinab. Später rot verlassend und weiter auf grünem Weg. Den Wald verlassend dann nach einer herrlichen Aussicht oberhalb des Sandberges rechts, grün und gelb markiert weiter. Später nur noch auf grün markiertem Weg, zum Teil ein wenig steiler nach Devinska nova Ves. Am ersten großen Wohnungsblock dann links und geradeaus bis zur Eisnerova. Dieser größeren Straße links folgen und dann rechts in die Istrijská. An einem kleinen See diese Straße nach rechts verlassen und unter der Unterführung hindurch. Auf der anderen Seite der Gleise links hinauf zum Bahnhof.

[21] Von Wolfsthal zur Ruine Pottenburg und zur Königswarte

Nach einem kleinen Abstecher in die schöne Donau Aue nahe Wolfsthal geht es ein wenig bergan und über die malerische Ruine Pottenburg wird der östlichste Berg Österreichs, die Königswarte mit 344 m, bestiegen. Die Aussicht reicht nach Süden über den Neusiedler See und nach Ungarn hinein, im Nordosten dominiert Bratislava mit seinem Hausberg, dem Kamzík. Die Tour muss vor 18 Uhr abgeschlossen sein, da sonst Teile des Waldes für die Jagd gesperrt sind.

4 Std. **Aufstieg:** 300 m; **Abstieg:** 300 m **14 km**

Route: Bhf. Wolfsthal–Wiesenkreuz–Wolfsthal–Ruine Pottenburg–Königswarte–Bhf. Wolfsthal

Einkehr: in Wolfsthal

An- und Rückreise: S7 oder Regionalbahn nach / von Wolfsthal

Fahrzeit An- / Rückreise: 1¼ Stunde

Abbruchsmöglichkeit: in Wolfsthal

Jahreszeit: ganzjährig

Wegmarkierungen: Jakobsweg, rot-weiß-rot 7, Ende unmarkiert

Höchster Punkt: Königswarte (344 m NN)

Sehenswertes: Donauauen, Pottenburg, Königswarte

Karten: ÖK 5328, Freytag&Berndt 013, Kompass 211

GPS-Wegpunkte (33 U): Bhf. Wolfsthal 0 649265 N 5333310, Wiesenkreuz 0 649063 N 5335264, Ruine Pottenburg 0 650792 N 5331559, Königswarte 0 650650 N 5331086, unmarkiertes Tal 0 649897 N 5331575

Vom Bahnhof geht es links in die Bahnhofstraße und vor den Gleisen dann rechts weiter auf dem Pfad. Bald rechts in die Obere Gasse, die Hauptstraße queren und weiter auf dem Jakobsweg. Über die Donaugasse dann Wolfsthal verlassen, geht es nach der Brücke links und ein gutes Stück geradeaus. Im Bogen nach links weiter hat man einen guten Blick auf den Braunsberg. An der Kreuzung führt die Route geschottert weiter nach rechts mit Blick auf den Steinbruch. Kurz vor der Donau biegt man am Wiesenkreuz auf schmalem Pfad wieder nach rechts. Hier ist Vorsicht geboten, da der schmale Pfad mit Reitern und Mountainbikern geteilt wird. Durch die Aue geht es nun, an zum Teil beeindruckenden Bäumen, unter anderem dem Naturdenk-

mal „drei Eichen“ vorbei, und dem dritten Abzweig, am Schild „Treppelweg“ dann nach rechts in den Wald folgen. Wieder kurz vor Wolfsthal zweigt man an der Gabelung mit Bank links ab und setzt vor der Straße dann auf dem rot-weiß-rot markierten Weitwanderweg 7 ebenfalls links weiter die Tour fort. Nach der Tankstelle die Straße queren und nun der rot-weiß-roten Markierung treu bleiben. Richtung Königswarte in die Betriebsstraße nach rechts einbiegen und am Wald entlang. Wenn die Straße nach links abbiegt, geht es rechts am Waldrand weiter, an der nächsten Kreuzung rechts in den Wald hinein. An der Gabelung links bergan, und nach einem kleinen Weinberg wandert man geradeaus auf schmalem Pfad in den Wald. Die Leiter benutzend setzt man über den Zaun und links hinab, bevor es gleich rechts auf dem Weg wieder bergan geht. Etwas rechts

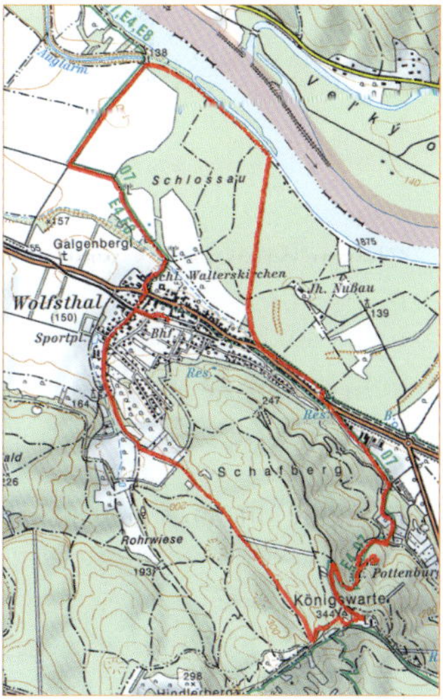

oberhalb des kleinen Tals steigt man nun hinauf zur Ruine, die einen kleinen Abstecher lohnt. Die Ruine verlässt man wieder durch den Eingang und folgt dem Weg gerade hinauf, bald im Bogen nach rechts bis zum Güterweg. Diesem dann nach links bergan folgen. Kurz vor dem Ende der Straße an der umzäunten Anlage geht es rechts wieder über die Leiter und den Zaun zur Warte. Die Benutzung der Warte ist kostenpflichtig, aber der Ausblick lohnt den Euro (Stand 2014). Von der Warte setzt man den Weg über die Wiese rechts hinab, am Rastplatz vorbei fort. An der Infotafel folgt man der Beschilderung „Richtung Wolfsthal ohne Markierung" wieder in den Wald. Nach dem Zaun und der Leiter geht es links, am Zaun entlang und dann dem Weg im Bogen erst nach rechts, dann wieder nach links folgend weiter. Wieder am Zaun steigt man den Güterweg rechts hinab durch den Forst, dann an Wiesen vorbei und durch das Tor verlässt man bald den Wald. Ein letztes Mal nach rechts über den Zaun und an diesem dann, auf geschottertem Güterweg entlang. Durch ein weiteres Waldstück gelangt man wieder nach Wolfsthal. Über die „Obere Gasse" geht es bis zu den Gleisen und direkt hinter diesen biegt man zwischen Wand und Zaun nach rechts. Dann weiter nach links in die Bahnhofsstraße und wieder zurück zum Ausgangspunkt.

[22] Drei Gipfelrunde bei Hainburg an der Donau

Eine aussichtsreiche Tour mit drei „Gipfeln" und wunderschönen Einblicken in Landschaft und Zeitgeschichte. Durch Hainburg geht es zuerst auf den Hundsheimer Berg mit einer tollen Aussicht bis zum Neusiedlersee, dann zur Heimenburg und auf den Braunsberg. Nach einem Abstecher zur Ruine Röthelstein gelangt man an der Donau entlang wieder ins mittelalterliche Hainburg.

4½ Std. **Aufstieg:** 700 m; **Abstieg:** 700 m **15 km**

Route: Personenbhf. Hainburg–Hundsheimer Berg–Schlossberg–Braunsberg–Ruine Röthelstein–Personen-Bhf. Hainburg

Einkehr: in Hainburg

Anreise: S7 oder Regionalbahn nach / von Wolfsthal

Fahrzeit An- / Rückreise: 1 Stunde

Abbruchsmöglichkeit: Bhf. Hainburg Ungartor

Jahreszeit: ganzjährig

Wegmarkierungen: „Die Aussichtsreichen Drei", blau-grün, rot, gelb und rot-weiß-rot

Höchster Punkt: Hundsheimer Berg (480 m NN)

Sehenswertes: Heimenburg, Braunsberg, Ruine Röthelstein, Hainburger Altstadt

Karten: ÖK 5327, Freytag&Berndt 013, Kompass 205

GPS-Wegpunkte (33 U): Personen-Bhf. Hainburg 0 644287 N 5334676, Hundsheimer Berg 0 644243 N 5332816, Rotes Kreuz 0 644716 N 5331785, Schlossberg 0 644919 N 5333988, Hainburg Ungartor 0 644903 N 5334625, Karpatendeutschendenkmal am Braunsberg 0 645718 N 5335225, Ruine Röthelstein 0 645320 N 5336046

Start dieser Tour ist der Personenbahnhof in Hainburg. Von hier aus geht es in Richtung historische Altstadt / Zentrum durch das Fischtor und die Blutgasse. Vorbei an Rathaus und Stadtpfarrkirche nach rechts in die Wiener Straße und durch das Wiener Tor, welches das sehenswerte Stadtmuseum beherbergt. Dann links vor dem Brunnen in die Hummelstraße und am Gasthaus zur Rudolfshöhe rechts ab in die Marc-Aurel-Gasse. An deren Ende die Straße queren und den Pfad geradeaus auf einem kleinen Privatweg bergan in den Wald hinein.

Auf dem kreuzenden Pfad links weiter, bald darauf wieder rechts, bergan. Dann auf dem lokalen Wanderweg „Die Aussichtsreichen Drei“ in Serpentinen aufwärts. Es geht vorbei an einer lichten Stelle mit einigen Felsen und schöner Aussicht auf das Marchfeld. Dann weiter bergan einem Schild nach links zum Gipfel des Hundsheimer Berges folgen. Man passiert die kleine Selbstversorgerhütte mit Rastplatz am Weg zum unbewaldeten Gipfel mit toller Aussicht nach Südwesten in Richtung Bruck an der Leitha. Dann weiter, immer den Kamm am Waldrand entlang, bis ein blau-rot-grün markierter Wegweiser nach rechts über den Schafweg Richtung Fliegerdenkmal führt. Auf einem gut gemachten Themenweg weiter, welcher über den hier anzutreffenden Magerrasen und dessen Bewuchs aufklärt. Nun blau-grün markiert bergab, vorbei am Fliegerdenkmal, bis hinunter zum roten Kreuz mit Rastplatz. Dort geht es nun wieder links bergan, erst rot-grün, dann gelb markiert, über das weiße Kreuz und dann die gegenüberliegende Forststraße wieder bergab. An der Gabelung des Forstweges zwischen den beiden Fahrwegen auf dem Fußweg geradeaus weiter nach Hainburg. Dort über die Hummelstraße nach rechts in die König-Ottokar-Straße und links in die Schlossbergstraße zum Rast- / Parkplatz. Nun dem Schild „Gehweg“ / „Fußweg“ zum Schloss sanft bergan folgen statt die steile, wenig schöne Straße nach oben zu gehen. Nach zwei Kehren und der Besichtigung der sehenswerten Ruine geht es wieder auf gleichem Weg bergab. Auf halbem Weg dann dem Schild „Ungartor“ nach rechts folgen. Über Treppen kommt man hinunter nach Hainburg, entlang der historischen Stadtmauer, vorbei am Heldenturm und am ehemaligen Theodorapalast. Am Ungartor die Pressburger Reichsstraße queren und der

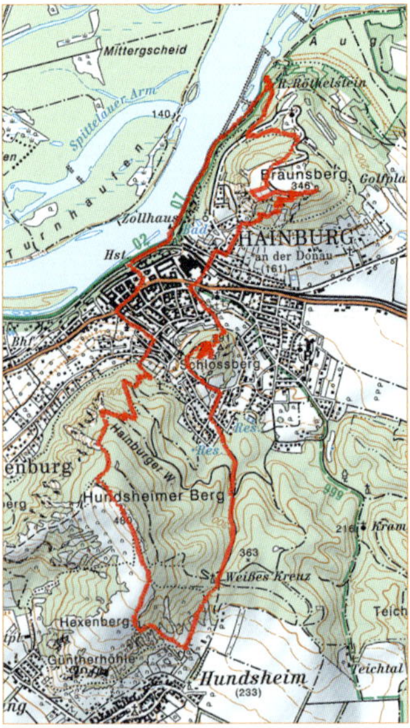

Krüklstraße folgen. Bald am Bahnhof Hainburg Ungartor, wo die Tour unterbrochen werden kann, vorbei. Geradeaus weiter, rechts in die König-Etzel-Gasse und gleich links in die Dr.-Gmeindl-Gasse einbiegen. An deren Ende geradeaus über die Grünfläche und rechts in die Braunsbergsiedlung. Nun wieder dem Schild „Die Aussichtsreichen Drei“ bergan in den Wald und somit in das Naturschutzgebiet Braunsberg folgen. Nun in Serpentinen den Berg hinauf. Oben über den riesigen asphaltierten Parkplatz und die Aussicht in alle Richtungen mit Blick bis nach Bratislava genießen. Dann links der Straße auf einem Pfad hinab, mit einem kleinen Abstecher zur Keltenwall-Nachbildung. Von dort wieder zurück auf den Pfad an der Straße und diesen hinab, rot markiert. Unten angekommen geht es über die Straße hinein in den Nationalpark Donauauen. Gelb markiert gelangt man zur Ruine Röthelstein. Nach deren Besichtigung dem rot-weiß-rot markierten Wanderweg 907 bergab folgen. Nun immer an der Donau entlang bis nach Hainburg. Dort auf dem österreichischen Jakobsweg wieder zum Bahnhof zurück.

[23] Römertour um Petronell-Carnuntum

Auf den Spuren der Römer geht es hier durch flaches Gelände mit mediterranem Charakter. Absolute Höhepunkte sind das Heidentor, die beiden alten Amphitheater, sowie das Freilichtmuseum Petronell-Carnuntum und das Museum Carnuntinum. Aber auch die Marienkirche in Bad Deutsch-Altenburg ist durchaus sehenswert.

3 Std. **Aufstieg:** 175 m; **Abstieg:** 175 m **13,5 km**

Route: Bhf. Petronell-Carnuntum–Heidentor–Amphitheater–Palastruine–zweites Amphitheater–Museum Carnuntinum–Pfarrkirche Bad Deutsch-Altenburg–Bhf. Bad Deutsch-Altenburg

Einkehr: Petronell-Carnuntum, Bad Deutsch-Altenburg

Anreise: S7 oder Regionalbahn nach / von Wolfsthal

Fahrzeit An- / Rückreise: 1 Stunde

Abbruchsmöglichkeit: keine

Jahreszeit: ganzjährig

Wegmarkierungen: blau-gelb und rot-weiß-rot

Höchster Punkt: Heidentor (180 m NN)

Sehenswertes: Heidentor, Archäologischer Park Carnuntum, zwei Amphitheater, Museum Carnuntinum

Karten: ÖK 5327, Freytag&Berndt 013, Kompass 205 oder 211

GPS-Wegpunkte (33 U): Bhf. Petronell-Carnuntum O 639041 N 5329764, Heidentor O 638024 N 5329501, Amphitheater O 637745 N 5330174, Palastruine O 638130 N 5330878, zweites Amphitheater O 640769 N 5332100, Museum Carnuntinum O 641608 N 5333604, Pfarrkirche Bad Deutsch-Altenburg O 641959 N 5333375, Bhf. Bad Deutsch-Altenburg O 642165 N5332822

Am Bahnhofsgebäude vorbei, die Bahnstraße entlang geht es auf dem Niederösterreichischen Landesrundwanderweges (blau-gelb) bzw. dem WW02 (rot-weiß-rot) hinein ins Dorf. Am Ende der Bahnstraße schräg gegenüber links weiter in die Heidentorgasse. Auf dieser bis zum Heidentor bleiben. An diesem beeindruckenden römischen Tor mit Infotafeln und Bänken geht es nach der Besichtigung rechts vorbei auf einem Fahrradweg Richtung Amphitheater. Sowohl an der Bahntrasse als auch an der vielbefahrenen Straße beim Queren bitte Vorsicht walten lassen. Auf der anderen Straßenseite zuerst dem Weg nach links und gleich darauf der Biegung nach rechts folgen. Nun das, ge-

rade im Sommer herrlich mediterrane Amphitheater durchqueren und mit etwas Glück und Geduld sieht man den ein oder anderen Ziesel. Auf der anderen Seite des Amphitheaters nimmt man rechts den geschotterten Weg. Am Parkplatz dann weiter auf dem Fußweg bis zum Freilichtmuseum. Ein Besuch lohnt sich (kostenpflichtig!). Hier schlendert man durch originalge-

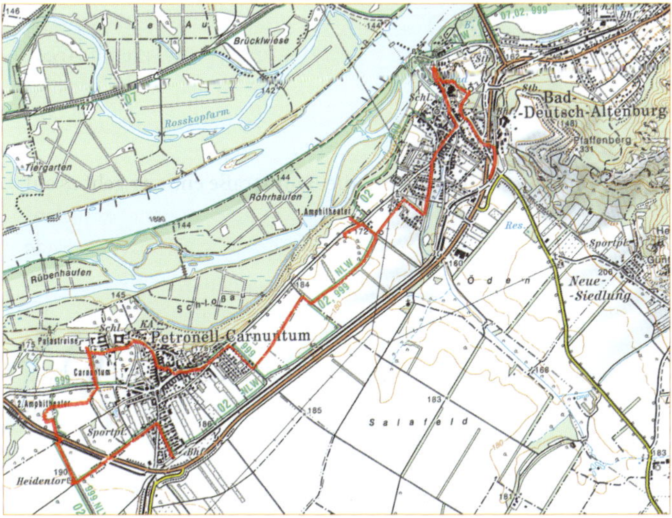

treu nachgebaute römische Gebäude und erfährt einiges über die damaligen Lebensumstände. Weiter geht es, durch das Tor westlich (Richtung Ortsausgang) vom Eingang der Ausstellung, in eine mit großen Bäumen bestandene Allee. Hier bis zur Palastruine, einem großen Ruinenfeld linker Hand. Es geht dann weiter nach rechts auf der asphaltierten Straße. Auf der Rückseite des Freilichtmuseums weiter, und links am Schloss Petronell vorbei, welches durch den Bewuchs aber nur schwer zu sehen ist. Vor dem Schlosseingang dann, die Säulen am Eingang links liegen lassen und nach rechts, den römischen Spaziergängen folgen. Am löwenköpfigen Brunnen dann nach rechts in die Lange Gasse und dieser folgen, bis man links in die Schönlaternengasse abzweigt. Weiter nach links über die Badgasse und den Hauptplatz mit der Dreifaltigkeitssäule geht es zur, von einigen Cafés gesäumten Hauptstraße. Die Straße queren und nach links, bald wieder auf den römischen Spaziergängen weiter bis fast an das Ortsende. Nun nach rechts in die Solafeldgasse einbiegen und an deren Ende links weiter, immer entlang der römischen Spaziergänge. Geradeaus bis zur Strauchreihe und an dieser rechts ab. Am Ende der Sträucher wieder nach links. Weiter, ein Stück geradeaus, bis es an der Informationstafel über „Legionslager und Amphitheater Bad Deutsch-Altenburg links weitergeht. Am Gasthof zum Amphitheater vorbei folgt man der Straße etwa

250 Meter nach links bis zu einigen kleinen Überresten von römischen Bauwerken (links der Straße) und dann wieder zurück bis zum Amphitheater auf der gegenüberliegenden Straßenseite. Auch dieses lädt zur (kostenpflichtigen) Besichtigung ein. Danach geht es zurück zur bekannten Informationstafel über das Legionslager und dann links weiter Richtung Bad Deutsch-Altenburg. Über die Trajangasse kommt man rechts in die Burggasse und nach links in die Roseggergasse. Nun ein Stück geradeaus bis zur Wiener Straße. Hier zweigt man nach rechts ab zum Hauptplatz. Dort links in die Badgasse, das Kurzentrum passierend bis zum Museum Carnuntinum, welches ebenfalls sehr sehenswert ist. Nach einem Abstecher ins Museum, in den Park oder an die Donau geht es zurück und dann links bergauf in die König-Stefan-Gasse. Nach zirka 100 Metern nach links abbiegen und dem Wanderweg „Die aussichtsreichen Drei" folgen. Bergan an einer kleinen Lourdesgrotte sowie an einem Barfußpfad / Finnenweg und der Marienkirche / Pfarrkirche Bad Deutsch-Altenburg vorbei. Hinter dem Kriegerdenkmal nimmt man rechts den Dörrweg hinunter bis zur Hainburger Straße und entlang dieser nach links. Am Ende einige Treppen empor bis zum Bahnhof Bad Deutsch-Altenburg.

[24] Am Neusiedlersee von Neusiedel nach Weiden

Diese feine Runde am Rande des Neusiedlersees lockt mit zahlreichen schönen Aussichten über den See und Jausenmöglichkeiten. Auch können sich Wasserraten am Ende der Tour bei gutem Wetter ein schönes Bad im See gönnen.

4 Std. **Aufstieg:** 175 m; **Abstieg:** 175 m **16 km**

Route: Bhf. Neusiedl am See Bad–Weiden am See–Zeiselberg–Ungerberg–Weiden am See–Mole West–Bhf. Neusiedel am See Bad

Einkehr: in Neusiedel und Weiden sowie direkt am See

Anreise: Zug direkt nach Neusiedl am See Bad oder über Bhf. Neusiedl

Fahrzeit An- / Rückreise: 1 Stunde

Abbruchsmöglichkeit: Bhf. Weiden am See

Jahreszeit: ganzjährig

Wegmarkierungen: kaum markiert, z. T. auf dem Jakobsweg und diversen Radwegen

Höchster Punkt: Kalvarienberg (160 m NN)

Sehenswertes: Kalvarienberg in Neusiedl, Sandwände am Ungerberg, Neusiedlersee

Karten: ÖK 5203, Freytag&Berndt 271, Kompass 205

GPS-Wegpunkte (33 T): Bhf. Neusiedl am See Bad O 637790 N 5311571, Kalvarienberg O 638958 N 5311672, Sandwand am Ungerberg O 640849 N 5308865, Weiden am See Bahnhof O 639231 N 5309715, Mole West O 637047 N 5309990

An den Gleisen entlang in Fahrtrichtung, am Parkplatz vorbei und nach links in die Seestraße. Weiter über die Gleise und die Untere Hauptstraße. Dort nach links und gleich wieder über den kleinen Park mit Spielplatz nach rechts weiter. Gleich wieder rechts in die Kalvarienbergstraße. Der Allee folgen bis es halbrechts über eine Brücke, am Spielplatz vorbei, auf dem rot-gelb markierten Burgenland-Weitwanderweg weitergeht. Vor der kleinen unteren Kapelle dann links den Kreuzweg hinauf. An der Kapelle mit Infotafel und toller Aussicht über den Neusiedlersee vorbei hinauf zum „Gipfel“. Wieder ein toller Aussichtspunkt mit Infotafel, an dem man nach rechts auf dem rot-gelb markierten Weinwanderweg weiterspaziert. Nach dem

kleinen, niederen Wäldchen führt die Route erst links zwischen Wald und Weinbergen und dann rechts in den ersten Güterweg weiter. Den nächsten Güterweg wieder rechts hinab bis man an den Häusern links in die Weinberge gelangt. Weiter auf der als „Großen Ortsrunde" gekennzeichneten Laufstrecke bis zu einem kleinen Gebäude linker Hand, auf dem sich ein kleiner Rastplatz mit Aussicht befindet. Auf dem linken, oberen Weg weiter bergan. An den ehemaligen Weinkellern vorbei, nun unmarkiert geradeaus. Am Ortsrand Weiden links halten über die Straße und dem Weinwanderweg bzw. dem Burgenländischen

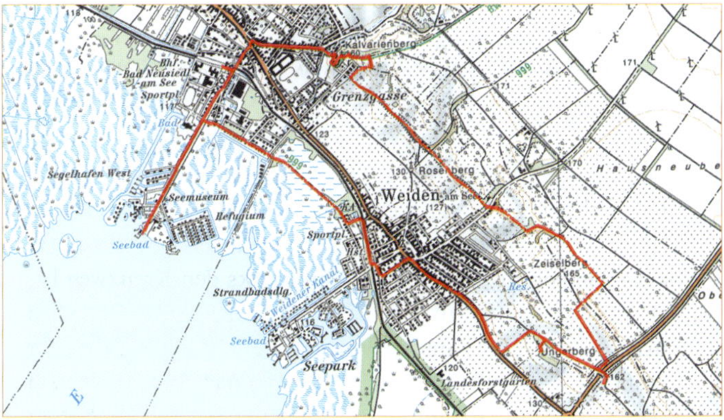

Jakobsweg folgen. Den Weinwanderweg ein Stück weiter dann nach links nehmen. Kurz vor dem Plateau-Gipfel den Weinwanderweg verlassen und weiter geradeaus nach oben. Auf dem Plateau hat man dann einen guten Einblick über die Größe der hier angelegten Windparks. Nun eben dahin bis die Tour vor den beiden einzigen Bäumen rechts abzweigt, weiter auf der Windpark-Laufroute. Am Ende des Weges links weiter und vor der Straße rechts. Hinter der Brücke ein Stück bergab Richtung Neusiedlersee liegt ein Rastplatz mit toller Aussicht. Wieder zurück über die Brücke folgt man dann dem Güterweg Weiden – Ungerberg geradeaus bergab. Von hier aus hat man einen fast uneingeschränkten Blick nach Süden über die Ebene. Nach kurzer Strecke geht es links auf einem erst geschotterten, dann sandigen Weg an einer Sandwand vorbei. Weiter dem Weg links folgen bis zu einer zweiten, noch größeren Sandwand. In dieser gibt es eine Bienenfresserkolonie. Bitte beide Areale nicht betreten und die seltenen Vögel nicht stören! Nun geht es zurück auf unseren Weg weiter bergab. An der gepflasterten Kreuzung dann nach links zur Straße biegen. Vor dieser rechts Richtung Weiden weiter auf dem Jubiläumsradweg bzw. dem Neusiedlerseeradweg am Restaurant Steckerlfisch vorbei. In Weiden dann weiter auf der Unteren Hauptstraße. Die Triftstraße queren und dann der Pointgasse nach links folgen. Dann rechts auf dem Jubiläums-

radweg in den „Seegrund“. Links geht es über die Bahngleise und direkt nach den Gleisen wieder rechts. Vorbei an Enzos Bistro, dem Weg erst gerade, dann nach links folgen. An der Sportplatzgasse rechts und nun durch den beeindruckenden Schilfgürtel des Neusiedlersees Weiden auf dem Radweg verlassen. Bis zur Seestraße in Neusiedl geht es immer geradeaus weiter. Dem Schotterweg in der kleinen Wiese auf der gegenüberliegenden Straßenseite der Seestraße zum See hin folgen. Bald auf die Straße treffend ein kleines Stück nach links auf den Fußgängerweg und diesem dann bis zum See folgen. Am See selbst gibt es ein breites Angebot an Erholungs- und Zerstreuungsmöglichkeiten wie Boot fahren, baden, flanieren, oder sich in einem der Restaurants und Bars bewirten lassen. Auf der Seestraße dann, am besten zirka eine halbe Stunde bevor der Zug fährt, zurück zum Bahnhof Neusiedl.

[25] Auf der Via Sacra bis Weissenbach an der Triesting

Entweder eine recht lange Tour oder mit Unterberechung in Heiligenkreuz zwei bequeme Tagestouren. Auf jeden Fall ein wahres Wanderhighlight, denn die Tour besticht nicht nur durch schöne Landschaften und tolle Ausblicke. Der eigentliche Höhepunkt ist sicher das malerische Stift Heiligenkreuz. Wem die Tour Lust auf mehr gemacht hat, der packt den Rucksack etwas großzügiger und geht den ganzen, dann zirka fünftägigen Pilgerweg nach Mariazell.

8 Std. **Aufstieg:** 1225 m; **Abstieg:** 1075 m **33 km**

Route: Straßenbahnhalt Rodaun–Kammersteinerhütte–Predigerstuhl–Sittendorf–Heiligenkreuz–Mayerling–Untermeierhof–Maria Reisenmarkt–Peilstein–Bhf. Weissenbach-Neuhaus

Einkehr: einige Möglichkeiten am Weg, Heiligenkreuz,

Anreise: Straßenbahnlinie 60

Rückreise: von Weissenbach-Neuhaus mit Regionalbahn über Leobersdorf nach Wien

Fahrzeit An- / Rückreise: 30 Min / 1½ Std.

Abbruchsmöglichkeit: Heiligenkreuz

Jahreszeit: ganzjährig

Wegmarkierungen: rot-weiß-rot und mit „Via-Sacra" beschildert.

Höchster Punkt: Peilstein (718 m NN)

Sehenswertes: Trockenrasen bei Perchtoldsdorf, Predigerstuhl, Heiligenkreuz, Jagdschloss bei Mayerling, Peilsteinwände

Karten: ÖK 5325 und 5201, Freytag&Berndt 011, Kompass 205 oder 209

GPS-Wegpunkte (33 U): Rodaun Straßenbahn O 593926 N 5331876, Kammersteinerhütte O 591396 N 5330010, Predigerstuhl O 590232 N 5328892, Sittendorf Ausgang O 586477 N 5325072, Stift Heiligenkreuz O 584294 N 5323053, altes Jagdschloss Mayerling O 581854 N 5322056, Kirche Maria Reisenmarkt O 580048 N 5320318, Ruine Arnstein O 579502 N 5320156, Peilstein Gipfelkreuz O 578304 N 5318491, Bhf. Weissenbach-Neuhaus (33 T) O 578084 N 5315074

Von der Endhaltestelle der Straßenbahnlinie geht es an den Schienen in die Ketzergasse zurück und die Straße nach links über die dürre Liesing, dem Stadtwanderweg 6 folgend. Dann links in die Willergasse einbiegen und zur Berggkirche Rodaun. Nach einem Blick hinein geht es weiter nach links, in Richtung

der Mountainbike-Strecke Doktorberg. Vorbei am Pensionat St. Christiana die Straße bergab. Die Kaltenleutgebener Straße sowie die Bahngleise queren und nach Perchtoldsdorf hinein. Dort geht es links in die Sonnbergstraße und dann rechts in die Dr.-Gorlitzer-Gasse. Hier nun dem Wiener Wallfahrerweg folgen. Es geht durch einen Trockenrasen, welcher als Natura 2000 Schutzgebiet ausgewiesen ist und mit einigen Infotafeln zum Schutzgebiet und zum Naturpark Föhrenberge versehen wurde. Weiter auf dem Weg nach rechts bergan Richtung Parapluiberg/Kammersteiner Hütte, grün markiert. Ein gelegentlicher Blick zurück lohnt wegen der tollen Aussicht über Wien. Weiter nach oben, an Bänken vorbei, in den Wald bis zu einem Rastplatz. Hier geht es gelb markiert weiter bergauf, erst auf schmalerem Pfad dann wieder auf einem Forstweg bis zur Markierung „Via Sacra". Nun weiter, grün und rot markiert, bis zu den Markierungen der Österreichischen Fernwanderwege 1, 4 und 6. Hier geht es rechts bergan zur Kammersteiner Hütte. An der Hütte angelangt lohnt sich die Besteigung der Plattform. Dann weiter auf dem Wiener Wallfahrerweg, welcher ab hier nun besser ausgeschildert ist. Vorbei geht es am Salzstangerlwirt auf der Kugelwiese und weiter dem Wiener Wallfahrerweg und dem WWW01 folgend auf einer größeren Straße nach rechts. An der nächsten Gabelung lohnt der dreiminütige Abstecher zum

Gipfel des Predigerstuhls (320 m). Dann weiter auf dem Wiener Wallfahrerweg, vorbei am Gasthaus Seewiese, an der Norwegerwiese und Schloss Wildegg bis nach Sittendorf. Dort nach links in die Hauptstraße einbiegen, an der Bushaltestelle der Linie 364 nach Mödling vorbei und nach rechts in die Heiligenkreuzer Straße. Mit den üblichen beiden Markierungen verlässt der Weg die Straße an einer kleinen Bank nach rechts in den Wald hinein, über die Meierei und den Füllenberg (mit Reitstall). Immer weiter rot-weiß-rot markiert geht es nun in den Wald, erst eben, dann bergan auf einer Forststraße, und später bergab auf schma-

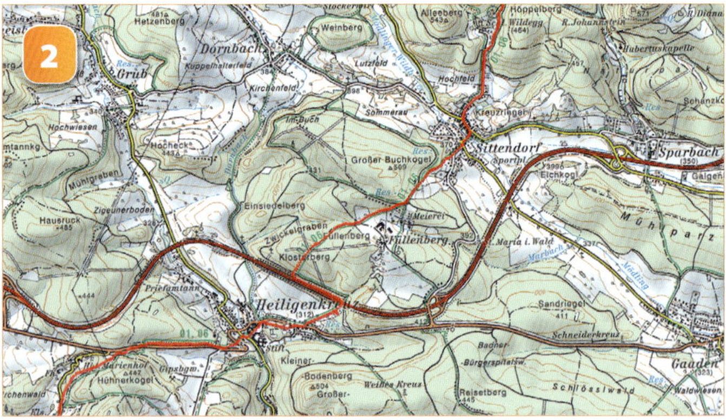

lem Pfad. Dann nach links an der Autobahn entlang bis zu einer Unterführung. Durch diese hindurch, am Friedhof mit Kapelle vorbei nach Heiligenkreuz. Hier besteht die Möglichkeit die Tour zu unterbrechen und mit dem Bussen 459 bzw. 365 nach Mödling oder Baden zum Bahnhof zu fahren. Zum Stift geht es nach rechts weiter.

Richtung Ortsmitte und Stift nimmt man links der Straße den Kreuzweg. Vorbei am Stift, dessen Besuch eigentlich Pflicht ist. Zwischen Kloster und Hochschule hindurch erst auf der Straße nach rechts, diese dann queren und links die Stiegen hinauf. Dann über eine Wiese und parallel der Straße weiter und diese bald kreuzen. Auf diesem Weg geht es dann weiter nach Mayerling, vorbei am ehemaligen Jagdschloss des Kronprinzen Rudolf bis zur Straße. Dort rechts und dann links Richtung Peilstein und Maria Reisenmarkt über die Schwechat hinweg. Auf der Straße weiter bis man rechts in die Johann Steingasse einbiegt. Am Marterl dann links abzweigen und durch Untermeierhof nach Maria Reisenmarkt. Dort lohnt ein kleiner Abstecher in die Kirche. Dann weiter rot-weiß-rot markiert Richtung Peilsteinhaus / Weissenbach und bald links in einen Fußweg einbiegen. Nun steiler bergan, vorbei an Blockfeldern und der Ruine Arnstein zum Peilsteinhaus. Nach einem Abstecher zum Gipfel des Peilstein rechter Hand mit toller Aussicht, geht es vom Peilsteinhaus die Straße bergab Richtung Weissenbach Neuhaus, immer rot-weiß-rot bzw. rot markiert. An einer Wiese bietet sich ein toller Ausblick auf Burg Neuhaus. Diese ist das nächste Etappenziel. An der Burg vorbei geht es, wieder auf dem Wiener Wallfahrerweg weiter, an einer kleinen Waldschule vorbei auf einem Pfad und später auf einem Waldweg bergab. Der Straße dann nach links folgen und an der Kreuzung gelangt man dann ausgeschildert zum Bahnhof.

[26] Über Husarentempel und Anninger nach Baden

Die Strecke von Mödling nach Baden über den Anninger ist etwas anstrengender als der Wasserleitungsweg (Tour 27), belohnt aber mit zahlreichen Sehenswürdigkeiten und kleinen Highlights am Wegesrand. So liegen die Ruine Burg Mödling und der Husarentempel auf dem Weg und von der Jubiläumswarte nahe dem Anninger-Schutzhaus hat man eine tolle Sicht über den Wienerwald und dessen östliches Vorland. Auch die Aussicht von der Wilhelmswarte auf dem Anninger ist durchaus sehenswert.

5 Std. **Aufstieg:** 700 m; **Abstieg:** 675 m **19,5 km**

Route: Bhf. Mödling–Ruine Burg Mödling–Föhrenhof–Anninger-Schutzhaus–Wilhelmswarte–Rudolf-Proksch Hütte–Bhf. Baden

Einkehr: Anninger-Schutzhaus, Rudolf-Proksch Hütte, in Baden

Anreise: S1 oder Regionalbahn Richtung Wiener Neustadt

Rückreise: Badner Bahn oder Regionalbahn Richtung Wien

Fahrzeit An- / Rückreise: 30 Min / 35 Min

Abbruchsmöglichkeit: keine

Jahreszeit: ganzjährig

Wegmarkierungen: rot-weiß-rot, gelb, blau-weiß, rot, blau

Höchster Punkt: Anninger (675 m NN)

Sehenswertes: Ruine Mödling, Husarentempel, Anninger, Baden

Karten: ÖK 5325, Freytag&Berndt 011, Kompass 205 oder 209

GPS-Wegpunkte (33 U): Bhf. Mödling 0 596474 N 5326613, Ruine Burg Mödling 0 594395 N 5325896, Föhrenhof 0 594008 N 5325792, Husarentempel 0 593228 N 5325617, Jubiläumswarte 0 592505 N 5323182, Wilhelmswarte 0 592856 N 5322331, Rudolf-Proksch Hütte 0 592315 N 5320538, Bhf. Baden 0 592648 N 5317492

Vom Bahnhofsvorplatz aus nach links bis zur Mödling und vor dieser in der Bachgasse nach rechts. Weiter am Bach entlang in die Toni-Berg-Promenade und in die Achsenaugasse. Dieser über die Brücke links und gleich wieder rechts folgen, am Christhof vorbei, in welchem Beethoven tätig war, bis zur Badstraße. Nun links und dann wieder rechts in die Babenbergergasse. Auf dieser dann durch die Altstadt, an der Kirche vorbei und dem Radweg folgend Richtung Hinterbrühl die

Brühler Straße weiter. Dann links in die Spitalmühlgasse und gleich hinter der Mödling nach rechts auf dem Rad- und Fußweg am Bach entlang unter dem Aquädukt hindurch. Nun dem rot-weiß-rot markierten Wanderweg 34 durchs Tal folgen, am Robert-Karpfen-Klettersteig vorbei und zirka 50 Meter nach diesem links auf einem gelb markierten, steinigen Pfad bergan. Bald rechts weiter, gelb markiert geht es bis zur Ruine Mödling. Nach kleinem Rundgang setzt man dann wieder vor der Ruine rechts die Tour fort, nun bergab Richtung Meiereiwiese und Vorderbrühl. Auf dem Güterweg gelangt man dann rechts weiter Richtung Schweizerhaus und Föhrenhof, hier auf dem Wanderweg 46 mit rot-weiß-roter Markierung. An Pepi's Märchenteich vorbei und vor dem Landhaus Föhrenhof links, geht es an zahlreichen beachtlichen Bäumen weiter am Waldrand entlang. Am Ende der Wiese geht es nun blau markiert rechts und nach 50 Meter wieder links, Richtung Husarentempel. Am Rastplatz Dreistundenweg vorbei und an der Gabelung nach links ist der Husarentempel mit herrlicher Aussicht bald erreicht. Man nimmt dann den Weg ein kurzes Stück zurück bis man nun rechts Richtung Anningerstraße gelb markiert abzweigt. Am Matterhörndl vorbei und dann auf einem Forstweg nach links, nun grün markiert bis zur Anningerstraße weiter. An der Kreuzung geht es rechts weiter, blau-weiß und rot-weiß-rot markiert Richtung Krauste Linde und Anninger-Schutzhaus. Nun bergauf, bis man vor dem Anninger-Schutzhaus gelb markiert rechts abzweigt zum Eschenkogel mit der Jubiläumswarte. Nach der Besteigung wieder zurück zur Anningerstraße geht es dann noch ein kleines Stück bergan Richtung Rudolf-Proksch-Hütte, weiter blau-weiß markiert. Auf der nächsten Lichtung dann rot markiert nach links zur Wilhelmswarte und somit auf den Gip-

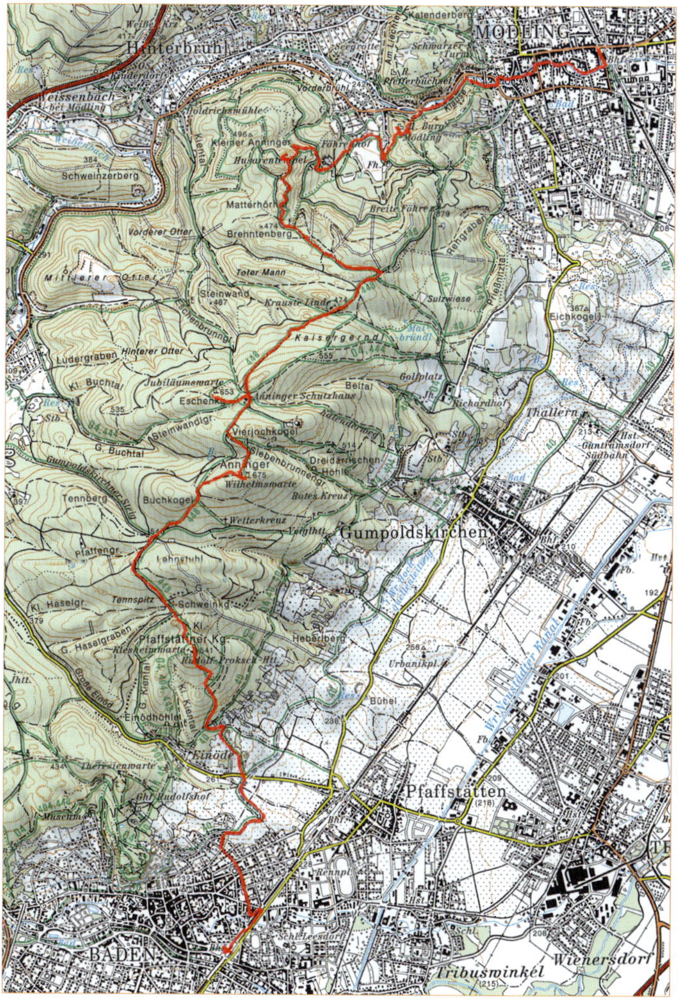

fel des Anningers. Von der Warte aus dann ein kleines Stück zurück und geradeaus rot markiert weiter. Bald folgt man erst der blau-weißen, später geradeaus der grünen Markierung und den Wegweisern zur Proksch-Hütte, meist sanft bergab. Auch vom Pfaffstättner Kogel mit der Klesheimwarte direkt an der Rudolf-Proksch-Hütte gibt es einen tollen Ausblick über Baden und das Wiener Becken. Man gelangt dem Wegweiser folgend, blau markiert, Richtung Baden bergab. An der nächsten Gabelung rechts weiter Richtung Rastplatz „Hölle" und den Beethoven-Wanderweg querend geht es bald in den Weingärten weiter. Erst am Waldrand nach rechts abbiegen, dann zwischen Wiesen und Weinbergen hindurch zur Straße. Auf dieser ein kleines Stück nach rechts und gleich wieder nach links hinauf zum Rastplatz Pfaffstättner Blick auf dem Wasserleitungsweg. Auf diesem dann nach rechts weiter Richtung Baden, bis man nach links in einem kleinen Graben in die Trostgasse abbiegt. Gleich wieder links in die Flamminggasse und bis zur Mühlgasse. Dieser nach links folgen, unter den Gleisen hindurch und auf der Dammgasse dann zum Bahnhof.

[27] Wasserleitungsweg von Mödling nach Baden

Das wirklich gut schmeckende Wiener Leitungswasser hat einen langen Weg hinter sich, bis es aus dem Hahn kommt. Diesen kann man in Teilen auf gut markierten und wirklich sehenswerten Wanderwegen einmal nachvollziehen. Auf der Strecke von Mödling nach Baden läuft man dem Wasser entgegen und entdeckt auf dem Weg das ein oder andere, meist geistliche Kleinod. Am Ende der Tour bieten sich in Baden natürlich einige wasserbezogene Vergnügen als Abschluss an. Baden hat nicht umsonst seinen Namen.

3½ Std. **Aufstieg:** 225 m; **Abstieg:** 225 m **14,5 km**

Route: Bhf. Mödling–Naturschutzgebiet Eichkogel–Weingartenkapelle–Gumpoldskirchen–Pfaffstättner Blick–Bhf. Baden

Einkehr: in Baden

Anreise: S1 oder Regionalbahn Richtung Wiener Neustadt

Rückreise: Badner Bahn oder Regionalbahn Richtung Wien

Fahrzeit An- / Rückreise: 30 Min / 35 Min

Abbruchsmöglichkeit: in Gumpoldskirchen

Jahreszeit: ganzjährig

Wegmarkierungen: Beschilderung des Wasserleitungsweges

Höchster Punkt: nach Gumpoldskirchen (260 m NN)

Sehenswertes: Naturschutzgebiet Eichkogel, Weingartenkapelle, Informationen zum Wasserleitungsweg, Baden

Karten: ÖK 5325, F&B 011, Kompass 205 oder 209

GPS-Wegpunkte (33 U): Bhf. Mödling 0 596474 N 5326613, Abzweig Eichkogel 0 596483 N 5324939, Weingartenkapelle 0 596498 5323360, Deutschordens Schloss 0 594968 N 5322182, Pfaffstättner Blick 0 592853 N 5319247, Bhf. Baden 0 592648 N 5317492

Vom Bahnhof Mödling aus links auf dem Bahnhofsplatz bis zur Mödling und dort rechts in die Bachgasse. Nach links in die Demelgasse und geradeaus in die Weisses-Kreuzgasse. An deren Ende rechts in die Guntramsdorfer Straße und dort gleich wieder links in eine kleine, nicht näher bezeichnete Straße. Zwischen den Weinbergen geht es dann wieder links, auf die Villa zu und vor dieser ein weiteres Mal links. Nun am Waldrand das Naturschutzgebiet Eichkogel betreten und am Infoschild rechts vorbei, schräg geradeaus bergan. Nach kurzem

Wegstück dann, nun endlich der Markierung des Wiener Wasserleitungsweges folgen, auf dem kleinen Damm nach links. Diesem kaum zu verfehlenden Weg folgt man, mit Aussicht über Wien und Mödling weiter bis zur 1760 erbauten Weingartenkapelle. Am Kreuzweg und immer auf dem Wasserleitungsweg bleibend geht es weiter nach Gumpoldskirchen. Dort über die Straße, geradeaus den Parkplatz und das Feuerwehrmuseum passieren, an Sankt Michael sowie am Deutschordensschloss vorbei. Auf dem Beethoven-Weg weiter, erst am Weinberg nach rechts, dann in einer Spitzkehre nach links und nach wenigen Metern wieder rechts in die Weinberge. Ein gutes Stück weiter, am Rastplatz Pfaffstättner Blick vorbei, welcher über das Biosphärenreservat „Lebensregion Wienerwald" informiert. Nun rückt nach einiger Zeit schon Baden in den Blick und es geht weiter durch Weingärten am Hang entlang. Bald dann über einen etwas steileren Weg nach Baden in die die Trostgasse und an deren Ende links in die Welzergasse. Dann nach links in den Kaiser-Franz-Ring und rechts in die Boldrinigasse. Ein Stück die Antonsgasse nach rechts und gleich wieder links in die Palffygasse. Dann rechts in die Neustiftgasse und wieder links in die Hildegardgasse. Über den Arthur-Schnitzler-Park gelangt man zum Bahnhof Baden.

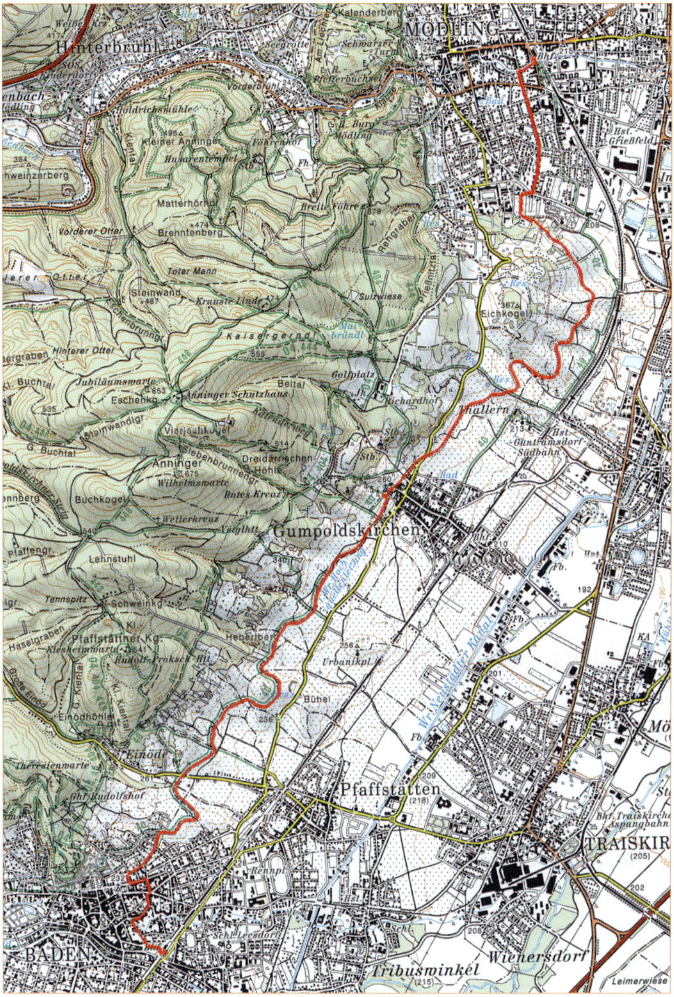

[28] Von Alland aus durchs Helenental

Das Helenental gilt seit jeher zu Recht als eine wahre Naturschönheit in der Wiener Umgebung. Das macht es zu einem beliebten Ziel für zahlreiche Wander- und Fahrradtouren. Die meisten Wanderer wird man aber in der Nähe von Baden antreffen. Diese Tour startet schon in Alland, führt an der Tropfsteinhöhle (kostenpflichtig, Öffnungszeiten beachten!) vorbei und folgt ab dem beschaulichen Mayerling der schönen Schwechat bis nach Baden. Baden bietet natürlich mit seiner Therme einen wundervollen Abschluss für jede Tour.

5 Std. **Aufstieg:** 575 m; **Abstieg:** 650 m **20,6 km**

Route: Hauptplatz Alland–Mayerling–Augustinerhütte–Hauswiese–Baden–Bhf. Baden

Einkehr: Augustinerhütte, Hauswiese, in Baden

Anreise: entweder mit dem Bus 365 aus Mödling oder Bus 459 aus Baden

Rückreise: Badner Bahn oder Regionalbahn Richtung Wien

Fahrzeit An- / Rückreise: 50 bis 70 Min / 35 Min

Abbruchsmöglichkeit: Buslinie entlang der Straße parallel zur Schwechat

Jahreszeit: ganzjährig

Wegmarkierungen: gelb, RWW 8, Radroute Alpentour, Wanderweg 10, Beethoven-Wanderweg, gelb, grün

Höchster Punkt: Buchberg (420 m NN)

Sehenswertes: Tropfsteinhöhle, Jagdschloss Mayerling, Helenental, Antonsgrotte

Karten: ÖK 5325, Freytag&Berndt 011, Kompass 205 oder 209

GPS-Wegpunkte (33 U): Hauptplatz Alland 0 580349 N 5323388, Allander Tropfsteinhöhle 0 580305 N 5322760, Allander Fensterblick 0 580196 N 5322772, Schwechat bei Mayerling 0 581660 N 5321732, Rastplatz am Ameisenhaufen 0 584890 N 5319992, Augustinerhütte 0 586310 N 5319524, Beethovenstein 0 586799 N 5318265, Antonsgrotte 0 587422 N 5318443, Hauswiese 0 589509 N 5318331, Bhf. Baden 0 592694 N 5317517

Vom Hauptplatz in Alland geht es auf der Hauptstraße über die Schwechat. Hier der Beschilderung Richtung Tropfsteinhöhle folgen. Am Gemeindeamt vorbei, bald links in die Buchberggasse, nun gelb markiert zum Fuß des Buchberges. Direkt außerhalb Allands links über den Parkplatz zur Tropfsteinhöhle hinauf. Auf dem Weg zurück kann man an einer Gabelung noch auf dem Weg nach oben den Allander Fensterblick genießen.

Dann zurück zum Parkplatz und auf dessen gegenüberliegender Seite dem gelb markierten Weg sowie der Beschilderung des Rundwanderwegs Nr. 8 folgen. In sanftem Auf und Ab geht es um den Buchberg herum. Erst durch ruhigen Wald und dann über eine schöne Wiese geradeaus durch die Heckenreihe und dahinter halblinks weiter, recht eben wieder zum Wald hin. Bald am Waldrand entlang mit Blick auf Mayerling und das schöne Jagdschloss. Nun bergab bis zur Infotafel „Geschichten um Alland 6". Dort nach rechts abbiegen und an der ersten Laterne in spitzem Winkel wieder links nach Mayerling hinein. Am Marterl geht es dann über den Groisbach nach rechts zur Hauptstraße. Auf dieser links weiter und vor der Brücke über die Schwechat der Beschilderung nach rechts Richtung Kläranlage folgen. Dann folgt man links, der „Alpentour" am Fluss entlang in das Helenental. An der Kläranlage vorbei in den Wald und einen, bald rot markierten Pfad unterhalb des Forstweges entlang. Kurz bevor der Pfad in der Schwechat als Furt verschwindet, führt die Route halbrechts auf dem rot markierten Wanderweg Nr. 10 weiter. Dann auf eine Straße treffend folgt man dieser nach links. An einer kleinen Siedlung vorbei weiter auf dem Kronprinz-Rudolf-Weg halbrechts bergan, nun öfter an Kalkfelsen vorbei. Vor einem Tor rechts bergan, weiter dem Allander Wanderweg Nr. 10 auf einen schmalen Steig folgen. Am nächsten Forstweg

nach links wieder ein Stück bergab. Dann geht es ein Stück direkt an der Schwechat entlang. Am Rastplatz unmittelbar nach rechts bergauf, rot markiert an einem imposanten Ameisenhaufen vorbei. Weiter über den nächsten Forstweg rot und grün markiert sowie als Beethoven-Wanderweg beschildert wieder bergab bis zur Augustinerhütte. An dieser links vorbei geht es, nochmals links einbiegend, gelb und nun auch rot-weiß-rot mar-

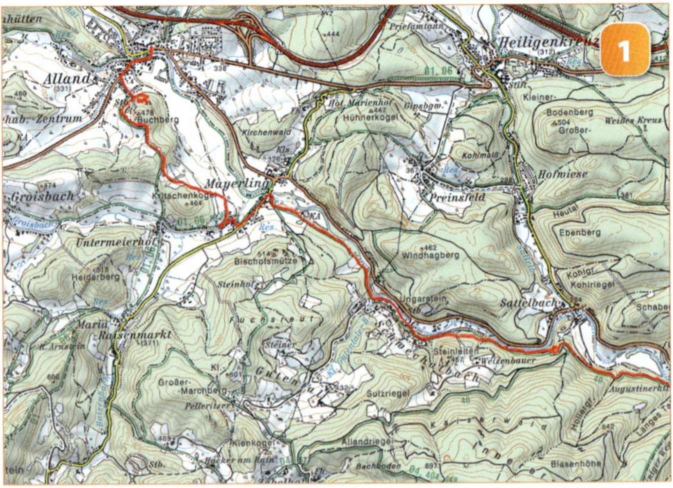

kiert Richtung Baden weiter. Wieder an der Schwechat entlang, immer auf deren rechter Seite bleiben bis zum Rastplatz Beethovenstein. An der Antonsgrotte, direkt an der nächsten Brücke, geht es erst rechts und gleich wieder links, nun grün markiert über die Straße Richtung Strandbad. Nun immer an der Schwechat entlang, am Gasthaus Hauswiese vorbei kommt man über die nächste Brücke auf die andere Seite des Flusses. Nach

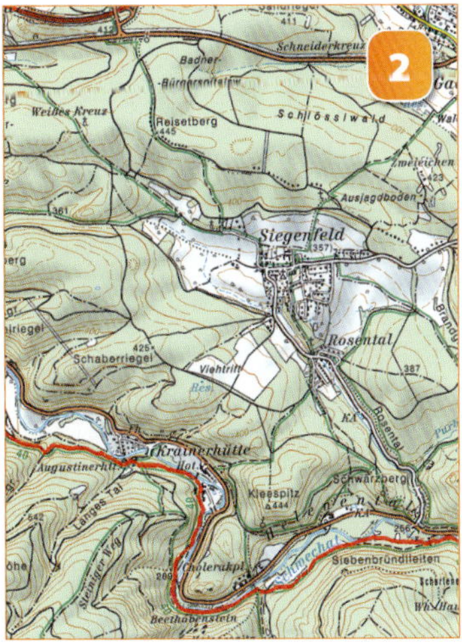

rechts weiter folgt man der Schwechat bald im Bogen nach links bis zur Helenenstraße. An der Bushaltestelle vorbei, nach links in die Schlossgasse und auf dieser bis man auf dem Radweg dem Bächlein nach rechts in den Doblhoffpark folgt. Am Teich entlang geradeaus, die Pelzgasse queren und vor dem Parkhaus nach rechts. Nach einem Bogen um das Parkhaus rechts und gleich wieder links in die Pergerstraße. Dieser dann folgen

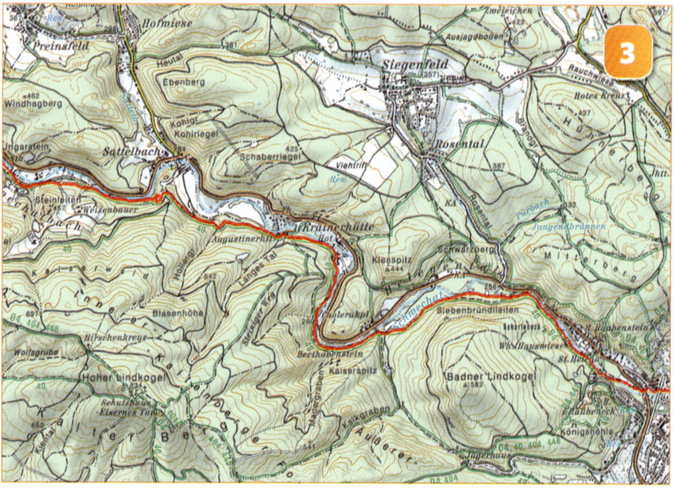

und entweder mit der Badener Bahn oder zirka einen halben Kilometer weiter mit dem Zug vom Bahnhof Baden aus zurück.

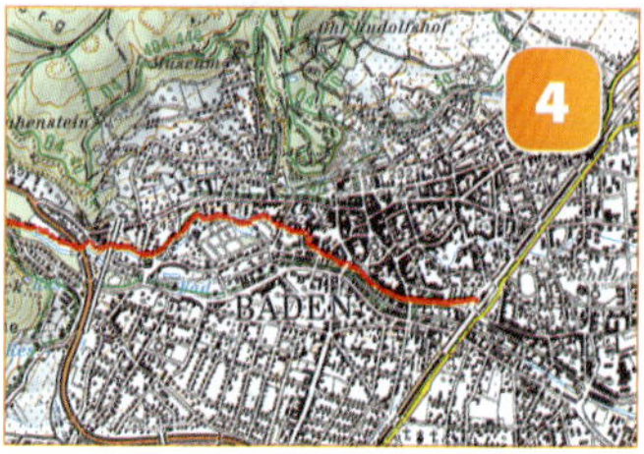

[29] Vordere und Hohe Mandling

Diese schöne Bergtour kommt auch ohne spektakuläre, steile Passagen aus und bringt den, hier oft über weite Strecken ungestörten Wanderer, auf die Vordere und die Hohe Mandling. Allerdings ist Vorsicht geboten. Wer auf dem Weg Bewirtung erwartet, wird enttäuscht. Die in vielen Wanderkarten noch immer abgebildete Berndorfer Hütte ist nämlich seit Jahren schon abgebrannt. Auf dem Abstieg wird man gegen Ende der Tour mit einigen schönen Ausblicken belohnt.

5½ Std. **Aufstieg:** 975 m; **Abstieg:** 950 m **14,2 km**

Route: Bhf. Waldegg–Vordere Mandling–Kleiner Rosenkogel–Hohe Mandling–Ortmann

Einkehr: in Pernitz, kleines Stück westlich von Ortmann

Anreise: Regionalbahn über Wiener Neustadt, dann Richtung Gutenstein

Rückreise: über Wiener Neustadt nach Wien

Fahrzeit An- / Rückreise: 1½ Std.

Abbruchsmöglichkeit: keine

Jahreszeit: ganzjährig, bei Schneelage besser mit Schneeschuhen

Wegmarkierungen: erst rot-weiß-rot, blau, dann wieder rot-weiß-rot

Höchster Punkt: Hohe Mandling (967 m NN)

Sehenswertes: Vordere und Hohe Mandling, einige Ausblicke in den Wienerwald und auf die Wiener Hausberge

Karten: ÖK 4206, 5201, Freytag&Berndt 012, Kompass 209 oder 210

GPS-Wegpunkte (33 T): Bhf. Waldegg O 579164 N 5302280, Vordere Mandling O 578267 N 5304190, Kleiner Rosenkogel O 577137 N 5305177, Hohe Mandling O 575416 N 5305140, ehemaliger Hof Mandling O 574103 N 5304852, Bhf. Ortmann O 573228 N 5304914

Von Bahnhof Waldegg geht es nach rechts auf die Hauptstraße und bald links in den Anton-Meyer-Weg. Rot-weiß-rot markiert, noch unterhalb des Strommasts nach links auf den schmalen Pfad bergan einbiegen. Es geht nun auf diesem Teilstück des Nordalpenweges bzw. des Niederösterreichischen Landesrundwanderweges ein Stück hinauf. An einer Kreuzung verlassen wir den rot-weiß-rot markierten Weg und es geht blau markiert weiter in langem Bogen in Richtung Vordere Mandling. In langen Bogen nach rechts geht es dann stetig bergauf. Das letzte Stück vor dem Gipfel steigt man erst ein wenig bergab und dann

an der Gabelung links hinauf zum Gipfelkreuz. Nun geradeaus bergab, bis die Route auf einem Forstweg links, hier wieder rot-weiß-rot markiert, weiterführt. An einem Rastplatz dann links am großen Rosenkogel vorbei und über den kleinen Rosenkogel. Ein kurzes Stück bergab und bald hinauf Richtung Hohe Mandling und (abgebrannter) Berndorfer Hütte. Auf dem Gipfel der Hohen Mandling bietet sich der Rastplatz zur Jause an. Vom Gipfel aus wandert man dann Richtung Ortmann weiter. Von

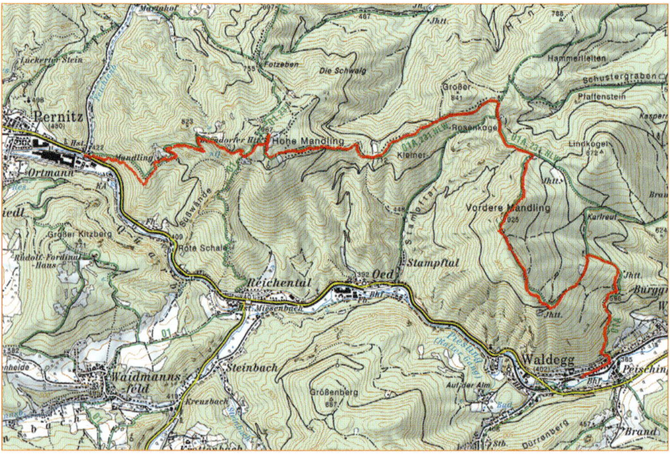

nun an führen mehr oder weniger sanft Serpentinen bergab. Es bieten sich auf dem Abstieg noch einige schöne Ausblicke, unter anderem auf den Schneeberg. Eine Abzweigung nach Reichental und einer Jagdhütte passieren und nach dem verlassenen Hof Mandling kommt man auf einem schmalen Pfad, stets rot-weiß-rot markiert bergab bis nach Ortmann und dem dortigen Bahnhof.

[30] Über den Unterberg und das Kieneck zu den Myrafällen

Diese sportliche Tour ist nichts für Einsteiger, belohnt den fleißigen Wanderer aber mit zwei schönen Bergen und tollen Aussichten. Die Myrafälle am Ende der Tour zählen sicher zu den absoluten Highlights in ganz Niederösterreich und lohnen sich, trotz des Eintrittspreises.

9 Std. **Aufstieg:** 1650 m; **Abstieg:** 1675 m **34 km**

NUR FÜR GEÜBTE

Route: Gutenstein–Pension Waldwirt–Weiße Wand–Unterberg–Bettelmannkreuz–Kieneck–Matrassteig–Myrahof–Myrafälle–Pernitz

Einkehr: Unterberg Schutzhaus, Enzianhütte, Karnerwirt, Myrastube, in Pernitz

Anreise: Regionalbahn über Wiener Neustadt, dann Richtung Gutenstein

Rückreise: über Wiener Neustadt nach Wien

Fahrzeit An- / Rückreise: 2 Std.

Abbruchsmöglichkeit: keine

Jahreszeit: ganzjährig, außer bei Schneelage (Vorsicht Skipisten!)

Wegmarkierungen: rot-weiß-rot

Höchster Punkt: Unterberg (1342 m NN)

Sehenswertes: Unterberg, Kieneck, Myrafälle

Karten: ÖK 4206, Freytag&Berndt 012, Kompass 209

GPS-Wegpunkte (33 T): Bhf. Gutenstein O 568075 N 5303016, Lange Brücke O 566306 N 5303146, Pension Waldwirt O 563705 N 5304711, Unterberg O 561128 N 5309705, Bettelmannkreuz O 564328 N 5311085, Enzianhütte / Kieneck O 565274 N 5312313, Thal O 567280 N 5308617, Myrafälle O 569936 N 5307337, Bhf. Pernitz O 571589 N 5305160

Am Bahnhofsgebäude vorbei geht es vor dem Gutensteinerhof auf der Straße nach links bis die Häuser rechter Hand verschwinden. Hier nun rechts auf den Josefinensteig, in Hörweite des Baches an einem Brunnen und einem Marterl vorbei, bis es auf der Straße wieder nach rechts weitergeht. Über die Piesting und nach dem Felsenkreuz links über die Brücke. Dann rechts in die Lorbeergasse, nun auf dem Piestingtal-Radweg weiter. An der Kreuzung mit Marterl und Brünnlein nach rechts, Richtung Museum. Noch einmal über die Piesting und am Raimund-Museum wieder rechts folgt man dem Biedermeier-Radweg an der nächsten Kreuzung nach links. Durch die kleine Klamm mit der

„langen Brücke“ hindurch unterhalb der Ruine Gutenstein geht es weiter, immer an der Steinapiesting entlang. An zahlreichen Häusern vorbei durch das schöne Tal biegt man 400 Meter nach der Pension Waldwirt und vor der Brücke rechts ab auf den rot-weiß-roten, geschotterten Weg Richtung Unterberg. Meist in der Nähe des Baches wandert man bis zu einem Futterstand. An diesem links, bis zur nächsten Gabelung und dort dann rechts weiter. Dann links haltend, tauchen linker Hand oberhalb des Weges einige Felsen auf. Am Wendeplatz geradeaus, etwas steiler bergan, wird der Weg bald zum Pfad und führt in Serpentinen den Hang hinauf. Dann über den Forstweg und gegenüber im inneren der Kurve auf dem Pfad weiter bergan. Auch die nächsten drei Forstwege queren und immer dem Pfad folgen. Nach einem flacheren Stück nimmt man dann erst den Güterweg, einen geschotterten Weg querend, und biegt nach einer Kurve wieder links auf einen Pfad. Dann noch einmal auf einen Güterweg, an dessen nächster Gabelung links und wieder rechts auf dem Pfad. An dessen Ende nach rechts auf dem Güterweg bis zum Unterbergschutzhaus. An der kleinen Kapelle, dem Schutzhaus und der Bergrettungs-Hütte vorbei geht es links hinauf über den Gipfelweg zum höchsten Punkt der Tour. Auf dem Unterberg hat man eine tolle Aussicht nach allen Seiten, unter anderem zum nächsten Etappenziel, dem Kieneck. Nun ein Stück

Richtung Kieneck geht es bald wieder in Serpentinen hinab und an der Bergretter-Hütte links auf den geschotterten Güterweg. Dem oberen Weg an der Liftanlage vorbei folgen Richtung Bettelmannkreuz. In der Folge die Schipiste queren und dann abwechselnd auf Pfaden und Güterwegen weiter, stets bergab. Entgegen des Wiener Wallfahrerweges geht es, den Abzweig Richtung Ramsau ignorierend, bald über einen kleinen Kamm und wieder bergan. Links unterhalb der nächsten Felsnase vorbei, nun wieder ein Stück steiler bergab zum Bettelmannkreuz. Ge-

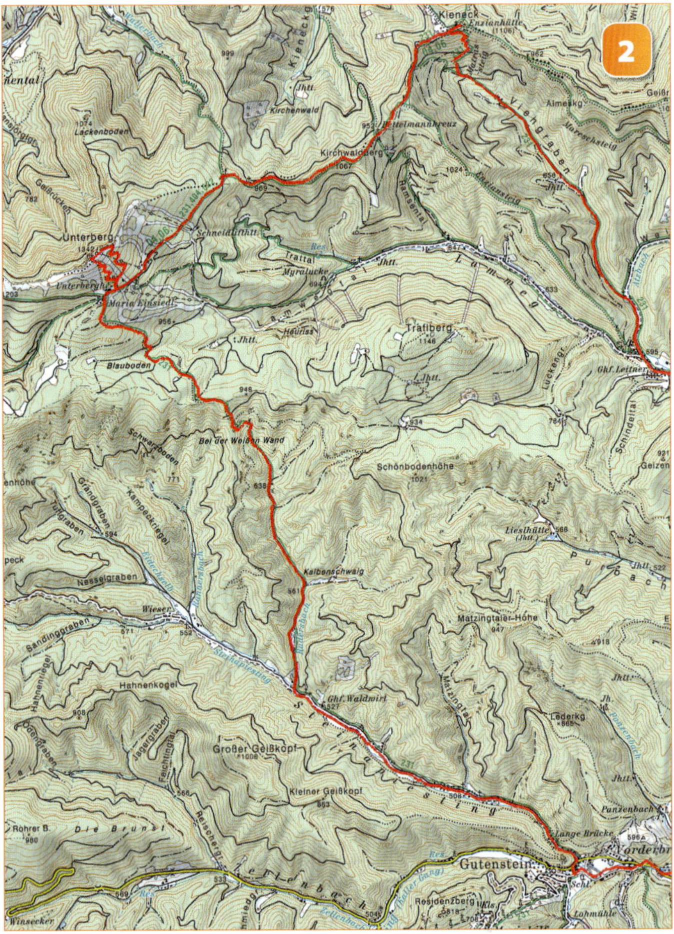

radeaus kommt man dann auf dem Güterweg hinauf zur Enzianhütte und damit zum Kieneck. Nach Genuss der Aussicht und gegebenenfalls einer Jause geht es zurück bis zum Enzianer Gedenkkreuz und nach links auf den Matrassteig. Auf diesem nun steiler bergab, zwei Forstwege queren und dem dritten Forstweg dann nach links folgen. Nun durch den Viehgraben immer am Talboden entlang bis zum Atzbach. Diesem nach rechts auf der Straße nach Thal folgen. Dann über die Myra und auf der Straße links Richtung Karnerwirt. Nun erst lange die Straße entlang und dann vor der Brücke nach links, dem Bach folgen. Am Karnerwirt vorbei und rechts der Myra, nun gelb und rot markiert weiter. Wer mag (und es lohnt sich wirklich) geht nun über die Myrafälle hinab, muss allerdings an deren Ende den Eintritt zahlen (2,50 € pro Erwachsenem, Stand 2014, das Zahlen am Ende ist mit den Besitzern der Anlage geklärt, sollte jemand Fragen haben, einfach das Buch vorzeigen). Alternativ kann man die Myrafälle auf dem rot markierten Weg umgehen

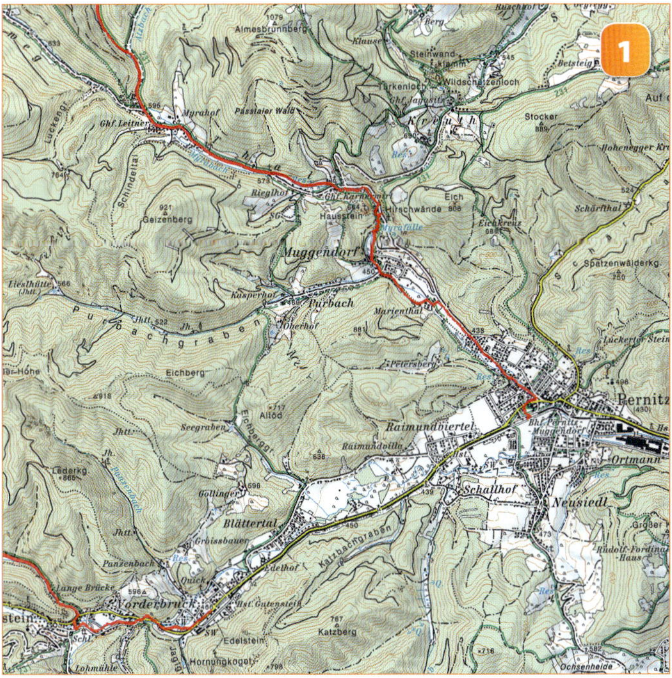

und gelangt direkt nach Muggendorf. Unterhalb der Fälle geht es dann links über die Brücke und an der Infotafel vorbei über den Parkplatz. Nun die Hauptstraße entlang, rot markiert weiter Richtung Pernitz. Dann über die Brücke und nach links in die Kramergasse. An deren Ende geht es geradeaus weiter auf dem Baumlehrpfad bis zu einem Hof. Vor diesem links weiter, über die Brücke und nach rechts auf dem Radweg. Dann noch einmal links bis zur Straße und vor dieser wiederum rechts nach Pernitz. Auf der Muggendorfer Straße gelangt man dann über die Hauptstraße und über die Bahnstraße zum Bahnhof Pernitz.

[31] Das Geotop Engelsberg und der Größenberg

Die kleine Tour startet in Winzendorf, führt an der Ruine Emmerberg vorbei und lockt mit einigen schönen Aussichten, zum Beispiel dem Neue-Welt-Blick und dem Steinfeldblick. Aber auch ein geologisches Schmankerl liegt mit dem Marmorsteinbruch Geotop Engelsberg am Weg. Über den Größenberg und mit einer tollen Aussicht zur Hohen Wand geht es dann an der Eisensteinhöhle vorbei nach Brunn an der Schneebergbahn.

3½ Std. **Aufstieg:** 500 m; **Abstieg:** 550 m **12,5 km**

Route: Bhf. Winzendorf–Ruine Emmerberg–Geotop Engelsberg–Größenberg–Eisensteinhöhle–Bhf. Brunn an der Schneebergbahn

Einkehr: keine Möglichkeit

Anreise: Regionalbahn über Wiener Neustadt und dann Richtung Puchberg

Rückreise: Regionalbahn über Wiener Neustadt nach Wien

Fahrzeit An-/Rückreise: 1¼ Std.

Abbruchsmöglichkeit: keine

Jahreszeit: ganzjährig

Wegmarkierungen: z. T. unmarkiert, RWW3, rot, grün, gelb, rot

Höchster Punkt: Größenberg (605 m NN)

Sehenswertes: Karl-May-Festspielgelände in Winzendorf, Ruine Emmerberg, Geotop Engelsberg – Eisensteinhöhle

Karten: ÖK 5201, Freytag&Berndt 012, Kompass 210

GPS-Wegpunkte (33 T): Bhf. Winzendorf O 583221 N 5295899, Ruine Emmerberg O 582475 N 5296729, Kreuzung am Engelsberg O 583548 N 5297280, Neue-Welt-Blick O 583893 N 5297614, Marmorsteinbruch Engelsberg O 584101 N 5297534, Gipfelkreuz Größenberg O 583907 N 5298614, Wolfschlucht O 585438 N 5299495, Eisensteinhöhle O 585569 N 5298094, Bhf. Brunn an der Schneebergbahn O 586636 N 5297570

Vor dem Bahnhof Winzendorf geht es links, am Gemeindewappen vorbei, zur Straße. Dieser nach links folgen, den Prosetbach queren, an einem ehemaligen Gasthaus vorbei und vor dem Ortsschild ein weiteres Mal den Bach überqueren. Nun auf einem Pfad dem Rundwanderweg 3 folgen, bald oberhalb der Häuser von Emmerberg entlang. Wenn der Pfad wieder auf die Straße kommt, nach rechts auf dem Gehsteig weiter ein Stück zurück bis es vor Beginn der Häuserreihe nach links

rot markiert bergan geht, nun den Rundwanderwegen sechs und sieben bergan in den Wald folgen. Erst rechts an der Felsnase vorbei, im Bogen nach links und auf der Felsnase bergan, nun unmarkiert. Bald auf altem Güterweg weiter bis zur Burg. Die Burg ist derzeit für Besichtigungen wegen Einsturzgefahr leider gesperrt. Es geht an den Mauern rechts unmarkiert und erst leicht bergab, dann bergauf und durch einen kleinen Graben weiter. An einer Kreuzung dann geradeaus auf einem mit Gras bewachsenen Weg weiter bergan. Der Weg wird bald wieder zum Pfad und führt auf den Rundwanderwegen sechs und sieben wieder bergan. Nun weiter auf dem rot markierten Weg bergab und an einer Kreuzung nach rechts. Bald biegt man an einer weiteren Kreuzung links auf blau und rot markiertem Weg Richtung Geotop Engelsberg ab. An einer weiteren Kreuzung gehen Schwindelfreie und Trittsichere unmarkiert nach rechts hinauf

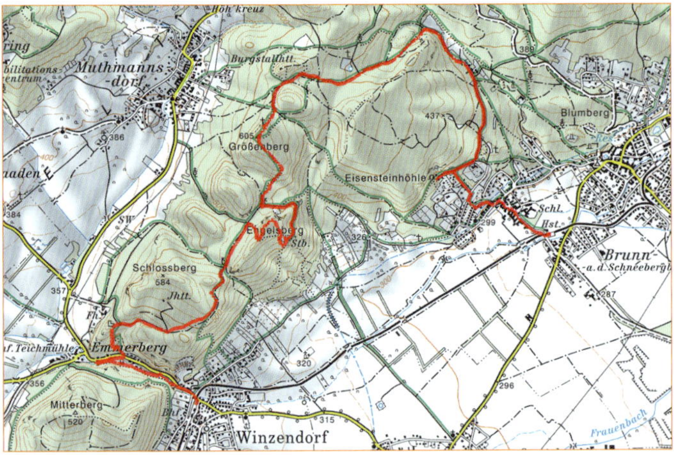

Richtung Steinfeld- und Neue-Welt-Blick. (Die ausgesetzten Stellen am Geotop können auf dem Weg geradeaus und im weiteren Verlauf nach rechts auf dem blau markierten Weg Richtung Geotop umgangen werden.) Dem Weg zum Neue-Welt-Blick folgend geht es auf dem Güterweg bis zur Kuppe und dann links auf dem Pfad am Kamm entlang weiter. Nach dem links gelegenen Aussichtspunkt dann bald im Bogen nach rechts und bergab zum Geotop. Direkt oberhalb des Geotops gelangt man dann vom Steinfeldblick aus rechts entlang der Abbruchkante bergab hinunter in den Steinbruch. Hier im Marmorsteinbruch gibt es einige Informationstafeln sowie eine Schutzhütte. Auf dem blau markierten Weg am anderen Ende geht es dann weiter, bis man an einer Gabelung rechts, rot markiert hinauf zum Größenberg biegt. Bald wieder rechts auf dem rot markierten Pfad bleiben und zum Teil steiler bergan bis zum Gipfel. An diesem vorbei, weiter rot markiert, kommt man einige Meter bergab zum Gipfelkreuz. Nun wieder bergab, über den Güterweg und Richtung Malleiten und Wöllersdorf weiter. Dann auf ebener Strecke den rot markierten Weg verlassen und blau markiert weiter Richtung Bad Fischau. Erst zweimal links, dann im Bogen rechts geht es bald grün und blau, dann nur noch spärlich grün markiert weiter auf einem Güterweg bergab. Fast wird der Weg zur Klamm (Wolfsschlucht), bevor die Route an einer

Wiese dann rechts weiterführt. An den ersten Häusern vorbei bald rechts, nun gelb markiert Richtung Eisensteinhöhle auf dem Güterweg weiter. Den Güterweg dann verlassen und geradeaus weiter, verschwindet vor dem nächsten Haus die gelbe Markierung und es geht nun geradeaus bis zur Eisensteinhöhle. Hier sollten sich Besuchswillige unbedingt vorab über die Öffnungszeiten informieren. Dann wieder ein Stück zurück und dem roten Weg nach rechts in den Eisensteinweg folgen. Wieder rechts in die Bergstraße, nach links über die Karl-Steurer-Gasse und nochmals links in die Viaduktstraße. Noch einmal links in die Jägerzeile geht es dann nach rechts in die Brunner Hauptstraße und dieser folgt man zum Bahnhof.

[32] Hohe Wand – von Oberpiesting nach Grünbach

Die Überschreitung der Hohen Wand bietet eine Menge toller Ausblicke und zahlreiche Sehenswürdigkeiten. So findet man entlang der Strecke die Burg Starhemberg, die Einhornhöhle, einen nachgebauten Kalkofen und den Skywalk mit einer der schönsten Aussichten entlang der Strecke. Mit etwas Glück sieht man auch Steinböcke. Die Tour ist recht lang, auch wegen ihrer Herausforderungen eher sportlich und daher nicht für Wanderanfänger geeignet.

6 Std. **Aufstieg:** 1350 m; **Abstieg:** 1075 m **19 km**

NUR FÜR GEÜBTE

Route: Bhf. Ober-Piesting–Einhornhöhle–Herrgottschnitzerhaus–Skywalk / Ghf. Postl–Plackles–Ghf. Rastkreuz–Bhf. Grünbach Schule

Einkehr: Zitherwirt, Gasthöfe Entlang der Hohen Wand, z. B., Kohlröserlhaus, Hochkogelhaus, Hubertushaus, Rastkreuz

Anreise: Regionalbahn über Wiener Neustadt, dann Richtung Gutenstein

Rückreise: Regionalbahnen über Wiener Neustadt nach Wien

Fahrzeit An- / Rückreise: 1½ Std.

Abbruchsmöglichkeit: keine Möglichkeit

Jahreszeit: ganzjährig, außer bei Schneelage und Nässe

Wegmarkierungen: grün, rot-weiß-rot, NÖ Landesrundwanderweg (blau-gelb)

Höchster Punkt: Plackles (1133 m NN)

Sehenswertes: Ruine Starhemberg, Einhornhöhle, Aussichtspunkte z. B. Skywalk, Große Kanzel, Bergbaumuseum in Grünbach

Karten: ÖK 5201, Freytag&Berndt 012, Kompass 210

GPS-Wegpunkte (33 T): Bhf. Ober-Piesting O 582040 N 5302919 Ruine Starhemburg O 582246 N 5302080, Einhornhöhle O 581506 N 5301046, Skywalk O 578476 N 5297947, Hubertushaus O 576752 N 5295896, Plackles O 575073 N 5296122, Rastkreuz O 573384 N 5295766, Bhf. Grünbach Schule O 573483 N 5294708

Vom Bahnhof Oper-Piesting aus auf der Bahnhofstraße nach links an den Gleisen entlang, das Bahnhofsstüberl zurücklassend, dann rechts in die Starhemberggasse. Hier hat man bereits einen Blick auf die malerisch auf dem Hügel liegende Burg Starhemberg. Vorbei an einigen Häusern Ober-Piesting verlassen und auf der leicht ansteigenden Straße geradeaus weiter über die

B21 hinweg in den Wald. Vorbei am Gasthaus und Heimatmuseum Scherrerwirt, dann nach einiger Zeit auf einer Straße rechts weiter bis zum Zitherwirt. Rechts über den Parkplatz auf kleinem Pfad zur sehenswerten Ruine Starhemberg. Diese ist allerdings (bisher) wegen Steinschlag für Besucher gesperrt. Zurück

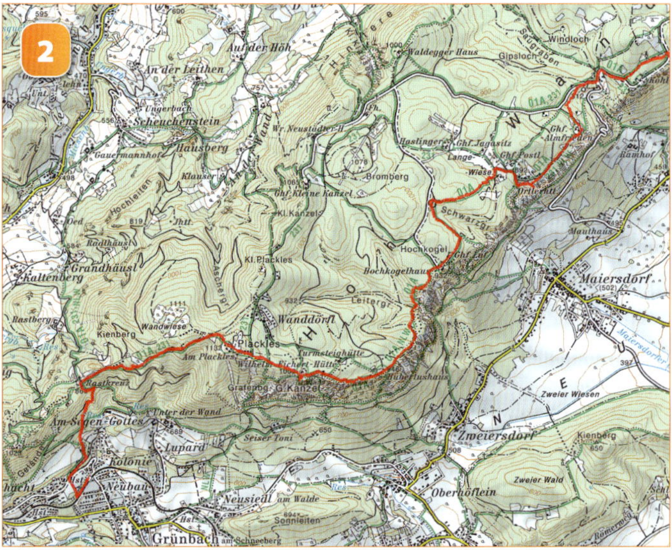

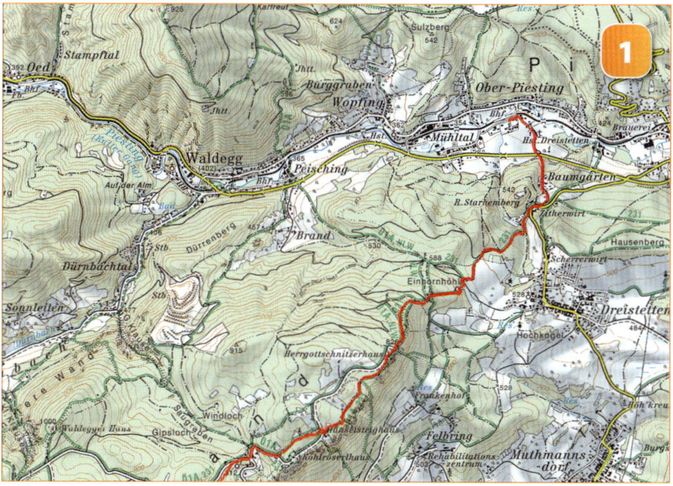

zum Parkplatz, dann rot-weiß-rot markiert, der Beschilderung zur Einhornhöhle bergab folgen. Über einen Bach hinweg, dann in hellem Mischwald bergauf. Die lohnende Einhornhöhle nach Besichtigung auf dem blau markierten Weg zurücklassen und ein kleines Stück steil hinauf. Weiter über flachen Waldpfad. Wieder auf dem erst rot-weiß-rot und dann auch grün markierten Weg zum Herrgottschnitzerhaus.

Von dort weiter auf dem rot-weiß-roten Weg 231 an der Kante der Hohen Wand entlang, welche nun linker Hand, mehr oder weniger nah, den Weg leitet. Dem ebenen Weg Richtung Kohlröserlhaus folgen. Nach einem Kinderspielplatz über eine größere Straße. Hier nach rechts abbiegen, um nach zirka 100 Metern wieder nach links in den Wald einzubiegen. Wer stattdessen über das Kohlröserlhaus weiterwandern will, sollte hier der größeren Straße folgen. Beide Wege vereinigen sich etwas später und es geht links der Straße auf einem kleinen Pfad weiter. Bald einige Häuser passieren bis zu einem größeren Parkplatz. Dort nach rechts, an der Infotafel vorbei auf dem rot-weiß-roten Wanderweg 231 weiter. Vorbei am Gasthaus Almfrieden mit Startplatz für Gleitschirmflieger sowie im weiteren Verlauf einen alten, bäuerlichen Kalkofen passieren und der Beschilderung „Skywalk“ folgen. Dort links am Alpengasthaus Postl vorbei, erst der Linkskurve auf der Poststraße dem „Rundwan-

derweg 1“ weiter folgen. Nach der Biegung und dem Campingplatz nach rechts bergauf zum Hochkogelhaus.
An diesem vorbei, wieder rot-weiß-rot markiert Richtung Hubertushaus. Den Leitergraben hinab, dem Schild „teilweise steiles Gelände“ mit gelber Markierung folgen. Nun tatsächlich auf steilerem Weg im Wald bergab, und auf der Gegenseite ähnlich steil bergan. Wieder oben auf rot-weiß-roten bzw. gelb markiertem Wanderweg gemütlicher weiter. Am Hubertushaus vorbei, weiter zur Wilhelm-Eichert-Hütte. Gerade in diesem Gebiet liegen viele Klettersteige. Darum nicht wundern, wenn linker Hand behelmte Menschen über die Kante der Hohen Wand steigen. An der Kante Vorsicht walten lassen, es geht steil nach unten und schwindelanfällige Menschen sollten sich nicht allzu nah nach vorne wagen. Links der Wilhelm-Eichert-Hütte am Kreuz lohnt die herrliche Aussicht nach Süd und Ost, unter anderem auf den Schneeberg oder den Hochwechsel. Von hier dann weiter zum Plackles, dem höchsten, aber unspektakulären Punkt der Hohen Wand. Am Plackles geht es dann auf dem rot-weiß-rot markierten Themenweg „Vom Urknall nach Grünbach“ weiter. Von nun an geht’s bergab über das Rastkreuz nach Grünbach. Vorsicht in einer der ersten Linkskurven nach dem Rastkreuz, da der Weg die breite Waldstraße kaum merklich hinter einer kleinen Böschung nach rechts verlässt und auf einem Pfad weiterführt. Nun entlang des Themenweges und der Beschilderung „Bahnhaltestelle Schule“ weiter. In Grünbach angekommen rechts am Sportplatz vorbei, unmittelbar dahinter geradeaus die Treppen hinab bis zu den Gleisen und dann links zur Haltestelle.

[33] Hohe Wand – Springlessteig und Grafenbergweg

Diese Tour hat alpinen Charakter und sollte auch nur von Geübten begangen werden. Es gibt einige durchaus ausgesetzte Passagen, in welchen Schwindelfreiheit von Nöten ist. Dafür belohnt die Tour mit einigen wunderschönen Aussichten unterhalb der Kante der Hohen Wand.

4 Std. **Aufstieg:** 710 m; **Abstieg:** 600 m **8,5 km**

NUR FÜR GEÜBTE

Route: Bhf. Unterhöflein–Oberhöflein–Springlessteig–Hubertushaus–Wilhelm-Eichert-Hütte–Grafenbergweg–Bhf. Grünbach

Einkehr: Hubertushaus, Wilhelm-Eichert-Hütte, Seiser Toni

Anreise: Zug über Wiener Neustadt, dann Richtung Puchberg am Schneeberg

Rückreise: Regionalbahnen über Wiener Neustadt nach Wien

Fahrzeit An- / Rückreise: 1½ Std.

Abbruchsmöglichkeit: keine Möglichkeit

Jahreszeit: ganzjährig, außer bei Schneelage und Nässe

Wegmarkierungen: rot-weiß-rot, gegen Ende blau

Höchster Punkt: Große Kanzel (1060 m NN)

Sehenswertes: Springlessteig und Hohe Wand mit zahlreichen Aussichten

Karten: ÖK 5201, Freytag&Berndt 012, Kompass 210 oder 228

GPS-Wegpunkte (33 T): Bhf. Unterhöflein O 577379 N 5293550, Oberhöflein O 577055 N 5294600, Hubertushaus O 576752 N 5295896, Wilhelm-Eichert-Hütte O 575865 N 5295886, Bhf. Grünbach O 574697 N 5294285

Links der Gleise geht es rot-weiß-rot und grün markiert auf dem Graßweg hinab, dann rechts durch die Unterführung hindurch bis zur Straße. Dort erst rechts und dann bald links Richtung Wallfahrtskirche, immer rot-weiß-rot markiert weiter. Zuerst am Bach entlang, über die Straße, vor Oberhöflein den Bach rechts zur Straße hin verlassen. Dort dann nach links, Oberhöflein betretend und ein Stück die Neue-Welt-Straße entlang. Links am Kindergarten vorbei in die Bergstraße. Bald rechts über den Kornweg und gleich wieder links hinein in den Hochfallweg. Geradeaus in den Wald hinein und direkt rechts weiter. An der Kreuzung dann halblinks, immer der Beschilderung zu Hubertushaus und Springlessteig folgen. Erst entlang

der Rinne, dann einen Forstweg querend immer rot-weiß-rot markiert weiter. Zum Teil wird es nun schon etwas steiler, am Rudolfbankerl vorbei, über immer felsigeren Untergrund. Bald geht es zum Teil gesichert weiter über ausgesetzte Stellen mit herrlichen Aussichten ins Vorland. Die Aussicht wird immer schöner, es gibt oft Ausblicke ins weite Umland und auf den Schneeberg, meist mit malerischen, krummen Kiefern im Vordergrund. Nun wird es noch einmal richtig felsig und für die letzten paar Höhenmeter in der Wand geht es aus dem Wald heraus mit Blick auf eine beeindruckende Felswand. Oft lässt eine Alpenvereinsfahne schon das nahe Hubertushaus erahnen und bald ist der steilste Teil des Aufstieges geschafft. Am Hubertushaus, welches zur Rast einlädt, geht es links Richtung Wilhelm-Eichert Hütte weiter, gelb und rot-weiß-rot markiert. Nun meist an der Kante der Hohen Wand entlang mit tollen Aussichten erst eben, dann wieder ein Stück bergauf weiter. Nach einem Abstecher am Naglkreuz vorbei am Dr.-Ferdinand-Nagl-Haus zur Wilhelm-Eichert-Hütte. Hier hat man vom Wildenauerkreuz aus einen herrlichen Schneebergblick. Nach der Hütte geht es weiter an der Kante entlang, nun blau markiert Richtung Seiser Toni. Auf schmalem Forstpfad dann bergab, am zahmen Pechersteiglein und am Bankerl am Grafenberg vorbei in Serpentinen hinab. An der Gabelung rechts

weiter auf blau markiertem Weg, bald links auf die Forststraße zugehen. (Wer mag kann hier auf dem nach unten führenden Ast der Forststraße einen Abstecher zum Seiser Toni machen. Von dort geht es dann wieder hierher zurück oder der Theresia-Stollen-Straße folgend wieder zurück zur blauen Markierung.) Direkt an der U-Kurve der Forststraße geht der blau markierte Pfad rechts (links vom Seiser Toni aus) ab, nun durch Gestrüpp und Gras. Dann erst auf einem Forstweg, später auf der Theresia-Stollen-Straße hinab Richtung Grünbach. Auf dem Amasedweg weiter geradeaus bis man links auf blau markiertem Pfad weiter bald aus dem Wald herauskommt. In die Neusiedlerstraße rechts einbiegen und nach den Gleisen dann links zum Bahnhof Grünbach.

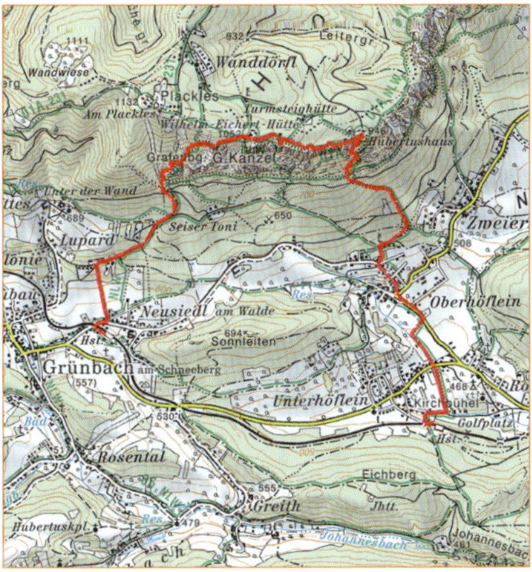

[34] Durch die Johannesbachklamm

Eine kurze und waldreiche Tour mit kleinen Steigungen. Der Höhepunkt ist der Spaziergang durch die sehenswerte Johannesbachklamm über zahlreiche Holzbrücken und am Marientritt vorbei. Ein Gasthaus am Ende der Klamm lädt zum Verweilen ein.

2 Std. **Aufstieg:** 225 m; **Abstieg:** 250 m **7 km**

Route: Unterhöflein Bhf.–Würflach–Johannesbachklamm–Schutzhütte Johannesbachklamm–Rothengrub

Einkehr: Schutzhütte Johannesbachklamm

Anreise: Zug über Wiener Neustadt, dann Richtung Puchberg am Schneeberg

Rückreise: Regionalbahnen über Wiener Neustadt nach Wien

Fahrzeit An- / Rückreise: 1½ Std.

Abbruchsmöglichkeit: keine

Jahreszeit: ganzjährig

Wegmarkierungen: RWW3, gelb, Erlebnisweg Johannesbachklamm, rot-weiß-rot, z. T. Beschildert

Höchster Punkt: nördlich der Klamm (550 m NN)

Sehenswertes: Johannesbachklamm, Marientritt

Karten: ÖK 5207, Freytag&Berndt 012, Kompass 210

GPS-Wegpunkte (33 T): Bhf. Unterhöflein O 577370 N 5293550, Kreuzung nördlich der Klamm O 577673 N 5292747, Bilderkiefer O 578352 N 5292480, ehemaliges Gasthaus O 578225 N 5292252, Marientritt O 577891 N 5292419, Schutzhütte Johannesbachklamm O 577433 N 5292558, Spitzkehre nach der Klamm O 577179 N 5292653, Bhf. Rothengrub O 578723 N 5293406

Vom Bahnhof aus geht es rot-weiß-rot und grün markiert, links der Gleise bergab. Gegenüber der Unterführung führt dann ein Feldweg hinauf Richtung Wald. Geradeaus gelangt man dann unmarkiert in den Wald hinein. Erst auf einem Pfad bergauf und auf einem Güterweg dann dem Rundwanderweg 3 folgen. Auf einem geschotterten Weg nimmt man zuerst die Rechtskurve und dann die zweite Möglichkeit links ab Richtung Johannesbachklamm, nun gelb markiert. An einer Kreuzung an der Rastbank vorbei, der Markierung zum Eingang der Klamm halblinks folgen und auf dem Forstweg weiter. Nach einem kurzen Wegstück rechts auf dem Erlebnisweg Johannesbachklamm, einem Pfad weiter. Nach der Bilderkiefer geht es dann rechts

etwas steiler bergab. Auf dem Weg hinab, kommt man an ersten Felsen vorbei nach Wurflach und dann auf der Straße ins Dorf. Der Beschilderung Johannesbachklamm dann wiederum nach rechts folgen und am Bach entlang. An zurzeit unbewirtschafteten Gasthäusern vorbei auf rot-weiß-rot markiertem Weg geht es erst flach und an Wiesen entlang bald in die Klamm. Hier ist der Marientritt mit Infotafel wohl die beeindruckendste Stelle der schönen Klamm. Am Gasthaus „Schutzhütte Johannesbachklamm“ vorbei, geht es über eine Brücke wieder auf einer Forststraße weiter. An der nächsten Kreuzung dann auf breitem Weg in spitzem Winkel rechts wieder hinauf, nun bis zum Ende der Tour Richtung Bhf. Rothengrub. Bald führt der Weg geschottert weiter bergan und an einer bereits bekannten Kreuzung geradeaus. Nach einem guten Wegstück geht es an einer weiteren Gabelung kurz vor Rothengrub geradeaus und nach einer langgezogenen Kurve über den Klammweg hinein nach Rothengrub. Die Gleise erreichend gelangt man rechts zum Bahnhof.

[35] Auf Öhler und Schober mit Sebastianwasserfall

Dieser Wanderklassiker ist ein wirklich lohnendes Ziel für intensive Naturerlebnisse. Ist der Öhler noch ein relativ „zahmer" Berg, geht es am Schober schon schroffer und felsiger dahin. Trittsicherheit und Schwindelfreiheit sind hier schon gefragt, auch wenn die ausgesetzten Stellen selten sind. Über den Gasthof Mamauwiese geht es dann, vorbei am Sebastianfall, zurück nach Puchberg.

5½ Std. **Aufstieg:** 875 m; **Abstieg:** 875 m **19,5 km**

NUR FÜR GEÜBTE

Route: Bhf. Puchberg–Öhlerschutzhaus–Öhler–Schober–Mamauwiese–Sebastianwasserfall–Bhf. Puchberg

Einkehr: Öhlerschutzhaus, Mamauwiese, Wasserfallwirt

Anreise: Regionalbahn nach Wiener Neustadt, dann nach Puchberg

Rückreise: Regionalbahn nach Wiener Neustadt, weiter nach Wien

Fahrzeit An- / Rückreise: 1¾ Std.

Abbruchsmöglichkeit: Nach dem Schoberabstieg zurück nach Puchberg

Jahreszeit: ganzjährig, außer bei Schneelage

Wegmarkierungen: siehe Text

Höchster Punkt: Schober (1213 m NN)

Sehenswertes: Aussichten von Öhler und Schober

Karten: ÖK 4206, 4212, Freytag&Berndt 012, Kompass 210 oder 228

GPS-Wegpunkte (33 T): Bhf. Puchberg 0 568240 N 5293420, Reithofer Kreuz 0 567113 N 5296601, Öhler Schutzhaus 0 566532 N 5296869, Öhler 0 565706 N 5296866, Schober 0 564151 N 5296439, Schoberkapelle 0 563715 N 5295945, Mamauwiese 0 562842 N 5295237, Sebastianfall 0 564125 N 5293884

Am Bahnhof erst ein Stück nach links über den Schoberbach bis zur Wiener Neustädter Straße, dann links weiter über die Gleise. Vor dem Café Puchberg dann wieder links in die Sierningstraße Richtung Schober und Öhlerschutzhaus auf dem Geschichtskulturpfad. Nun immer am Bach entlang bergan, bis es rechts blau markiert auf dem Öhlerweg Richtung Öhlerschutzhaus geht. Der blauen Markierung folgen, am Reithofer Kreuz vorbei bis zum Öhlerschutzhaus. Hinter dem Schutzhaus führt der Weg links weiter, nun gelb markiert, erst auf einer Forststraße, dann nach rechts auf einem stark verwurzelten Pfad Richtung Öhler

und Schoberalm. Man kommt an einigen bizarren Felsrippen vorbei zum Gipfel. Auf dem Grat dann weiter, bald steiler und steinig bergab. Auf dem Sattel zwischen den beiden Bergen geht es dann fast eben dahin, bevor der Weg durch einen Nadelwald hinauf zum Schober ansteigt. Um das Gipfelkreuz des Scho bers gibt es dann so manchen Aussichtspunkt, unter anderem mit Blicken auf den Öhler und den Schneeberg. Auf der Nase des Schobers dann zum Teil steil hinab und durch Wald und Wiese. In flacherem Gelände geht es dann erst links, an der Schoberkapelle vorbei und dann rot-weiß-rot markiert gerade Richtung Mamauwiese über die eingezäunte Weide (Vorsicht vor den Kühen!). Auf dem Weg bleiben bis rechter Hand das Gasthaus Mamauwiese auftaucht. Wer mag, macht einen erfrischenden Abstecher dorthin, bevor man auf dem geschotterten Weg weiter Richtung Wasserfall gelangt. Nun weiter rot-weiß-rot und rot markiert Richtung Puchberg und der Beschilderung zum Sebastianfall bergab folgen, bald am Sebastianbach entlang. Weiter auf geschottertem Weg, diesen aber nach einer Kurve nach rechts hin auf einen blau markierten Pfad verlassen. In Richtung Wasserfallwirt geht es an zum Teil recht großen Felsblöcken vorbei bergab. Kurz vor dem Wasserfall nach rechts über die Brücke und kurz felsig bergan. Dann kommt man hinunter zum Wasserfall, neben dem oft Kletterer in der Wand sind.

Es geht dann erst blau markiert unterhalb des Falls weiter. Am Wasserfallwirt vorbei und auf der Straße weiter nach Sonnleiten. Dort weiter nach links in die Losenheimer Straße und gelb markiert weiter Richtung Puchberg. Auf dem Unternbergweg geht es dann weiter bis zur roten Markierung. Nun erst geradeaus, dann nach links und weiter der Beschilderung nach Puchberg folgen. In Puchberg dann nach rechts über den Sebastianbach und links in die Schneebergstraße. Auf dieser gelangt man nach den Gleisen der Schneeberg-Zahnradbahn wieder nach links in die Bahnstraße und somit zum Bahnhof.

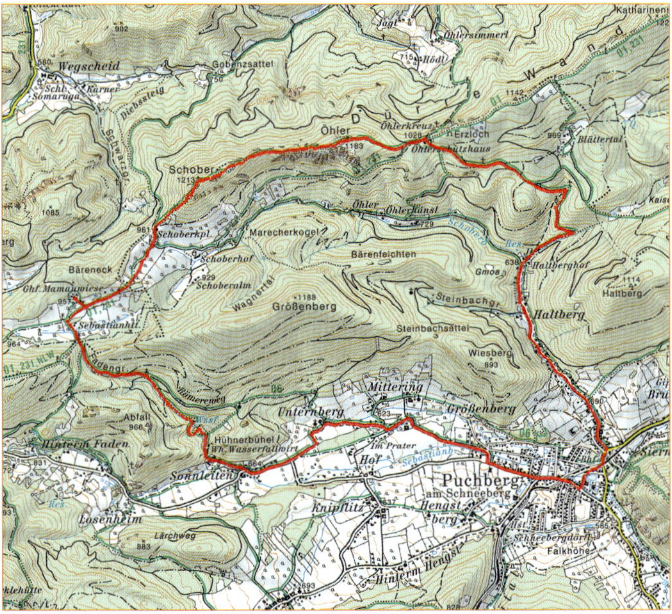

[36] Schneeberg über den Fadensteig mit Gipfelrunde

Die folgenden beiden Varianten führen zum höchsten Punkt Niederösterreichs. Die erste Variante hat einen stark alpinen Charakter und der Fadensteig sollte nur von geübten Bergwanderern begangen werden. Auch setzt der Aufstieg ein gewisses Maß an Kondition voraus. Vom Gipfel aus wird man dann mit einem herrlichen Panorama belohnt. Die zweite Variante führt von der Bergstation der Salamander-Zahnradbahn zum Gipfel und ist im Gegensatz zum kompletten Aufstieg eher ein kleiner und besser zu gehender Wanderausflug. Allerdings setzt auch dieser noch etwas Kondition und Trittsicherheit voraus.

7 Std. **Aufstieg:** 1375 m; **Abstieg:** 1125 m **20 km**

Variante 1 – NUR FÜR GEÜBTE

Route: Bushalt Losenheim Sesselbahn–Fadensteig–Klosterwappen–Elisabethenkirchlein–Zahnradbahnweg–Bhf. Puchberg

Einkehr: Fischerhütte, Damböck-Haus, Baumgartner Buchtelhütte

Anreise: Regionalbahn nach Wiener Neustadt, dann nach Puchberg, dann mit dem Bus 1720 zur Station Losenheim Sesselbahn

Rückreise: Regionalbahn nach Wiener Neustadt, weiter nach Wien

Fahrzeit An- / Rückreise: 2 Std. / 1¾ Std.

Abbruchsmöglichkeit: an einigen Stellen mit der Schneebergbahn zurück

Jahreszeit: ganzjährig, außer bei Schneelage und Nässe

Wegmarkierungen: gelb, blau, am Ende grün

Höchster Punkt: Klosterwappen (2076 m NN)

Sehenswertes: Gipfel des höchsten Bergs Niederösterreichs, Elisabethenkirchlein, Schneebergbahn, Schneeberger Säge

Karten: ÖK 4212 oder Sonderblatt Schneeberg und Rax, Freytag&Berndt 022, Kompass 210 oder 228

GPS-Wegpunkte (33 T): Losenheim Sessellift 0 562311 N 5293542, Edelweißhütte 0 561030 N 5293497, Fadensteig Rinne 0 560545 N 5292884, Fischerhütte 0 560670 N 5291323, Klosterwappen 0 560286 N 5290731, Damböckhaus 0 561944 N 5290151, Spielplatz am Elisabethenkirchlein 0 562510 N 5289850, Baumgartner 0 563763 N 5289236, Hengshütte 0 566219 N 5289796, Hauslitzsattel 0 566765 N 5290992, Bhf. Puchberg 0 568240 N 5293420

An der Bushaltestelle Losenheim Sesselbahn geht es los, die Straße bergauf am Parkplatz gelb markiert vorbei Richtung Fischerhütte und Fadensteig. Bald erst rechts und geschottert weiter, bevor es auf einen Pfad nach links Richtung Edelweißhütte geht. Auf diesem bergan gelangt man bis über einen Zaun und durch eine Weide weiter. In der Mitte der Weide dann nach

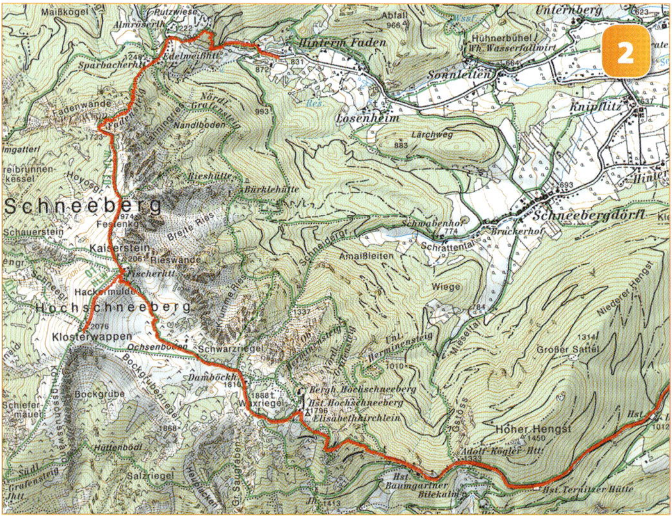

rechts, dem Wegweiser folgend und auf steinigen Pfad in den Wald. Hier verläuft oft ein kleines Bächlein auf dem Weg. An einer kleinen Bank vorbei nach links geht es bald mit Blick auf den Schneeberg weiter bergan. Über die Weide dann weiter bis auf den Kamm und dort nach links auf dem Weg, gelb und rot markiert bis zur Edelweißhütte. Nun gelb markiert auf steinigem Pfad durch Wald immer auf dem Kamm bergan. Schon an der ersten Felsnadel wird man mit einer bemerkenswerten Aussicht belohnt. Weiter den Wald verlassend über Fels und geschotterte Abschnitte, mit Steinmandln markiert, hinweg. Schon auf 1600 Metern kommt man in eine Rinne, teils gesichert. Hier ist Vorsicht geboten, die Stelle in der Mitte der Rinne ist ungesichert und ausgesetzt. Nach der Rinne dann mit einer kleinen, leichten Kletterei, zum Teil wieder gesichert, weiter bis man in

flacheres Gelände kommt. Nun den Stöcken bis zur Fischerhütte folgen. An dieser vorbei geht es in einer Viertelstunde halblinks auf dem Kamm entlang zum Klosterwappen, dem höchsten Punkt Niederösterreichs.

Vom Gipfelkreuz mit einer herrlichen Aussicht über das Umland und die gegenüber liegende Rax dann wieder zurück zur Fischerhütte. Vor dieser rechts, entweder unmarkiert auf geschottertem Weg oder grün markiert auf einem steilen Pfad im Geröll hinab. Weiter dann auf dem grün markierten Weg, am Damböckhaus vorbei. Nun geradeaus der blauen Markierung folgend den Wildblick passieren und im Bogen nach links bis über die Gleise der Zahnradbahn am Elisabethenkirchlein.

Nun rechts, gelb und grün markiert Richtung Puchberg. Es geht erst über eine Freifläche, dann durch Latschenwald und über den Tunnel der Schneebergbahn. Nach einiger Zeit an den ersten Lärchen vorbei auf dem erst gelb, dann gelb und rot und bald grün, gelb und rot markierten Weg an den Gleisen entlang weiter. Am Baumgartner Buchtelwirt vorbei (die Buchteln lohnen sich!) geht es nach dem Bahnhof auf dem Güterweg weiter. Rechts der Gleise weiter, grün markiert am Adolf-Kögler-Haus vorbei, dann die Gleise überquerend weiter bergab Richtung Puchberg. Nun ein langes Stück links der Gleise, oft kaum markiert weiter, und an der Hengsthütte auf dem Zahnradbahnweg geradeaus grün markiert weiter. In Puchberg dann links der Gleise in die Muthenhofer Straße hinein und an der historischen Schneeberger Säge vorbei. Nun nach rechts in die Schneebergstraße, ein letztes Mal über die Gleise und nach der Tankstelle links kommt man über die Bahnstraße zum Bahnhof.

3 Std. **Aufstieg:** 400 m; **Abstieg:** 400 m **7 km**

Variante 2

Route: Bushalt Losenheim Sesselbahn–Fadensteig–Klosterwappen–Elisabethenkirchlein–Zahnradbahnweg–Bhf. Puchberg

Einkehr: Fischerhütte, Damböck-Haus, Baumgartner Buchtelhütte

Anreise: Regionalbahn nach Wiener Neustadt, dann nach Puchberg, dann mit dem Bus 1720 zur Station Losenheim Sesselbahn

Rückreise: Regionalbahn nach Wiener Neustadt, weiter nach Wien

Fahrzeit An- / Rückreise: 2 Std. / 1¾ Std.

Abbruchsmöglichkeit: an einigen Stellen mit der Schneebergbahn zurück

Jahreszeit: ganzjährig, außer bei Schneelage und Nässe

Wegmarkierungen: gelb, blau, am Ende grün

Höchster Punkt: Klosterwappen (2076 m NN)

Sehenswertes: Gipfel des höchsten Bergs Niederösterreichs, Elisabethenkirchlein, Schneebergbahn, Schneeberger Säge

Karten: ÖK 4212 oder Sonderblatt Schneeberg und Rax, Freytag&Berndt 022, Kompass 210 oder 228

GPS-Wegpunkte Variante (33 T): Schneebergbahn Bergbahnhof 0 562527 N 5290045, Damböckhaus 0 561944 N 5290151, Klosterwappen 0 560286 N 5290731, Fischerhütte 0 560670 N 5291323, Spielplatz am Elisabethenkirchlein 0 562510 N 5289850

Die leichtere Variante startet an der Station Hochschneeberg und diese verlassend geht es nach rechts bis zum Spielplatz nahe des Elisabethenkirchleins. Von hier aus wieder rechts, den Waxriegel umrunden bis zum Damböckhaus. Ein Stück auf dem Weg entlang, bis es links auf direktem, gelb markierten Weg hinauf zum Klosterwappen geht. Vorm Gipfel dann nach rechts, am Gipfelkreuz vorbei bis zur Fischerhütte. Vor dieser nimmt man dann den geschotterten, grün markierten Weg bergab. Nun wieder zum Damböckhaus und an diesem dann geradeaus weiter, die Runde um den Waxriegel am Wildblick vorbei beenden. Vom Spielplatz aus kommt man dann wieder zur Zahnradbahnstation Hochschneeberg zurück.

[37] Auf den Krummbachstein

Schöne, aber auch anspruchsvolle Tour, die vor allem im oberen Teil und beim Abstieg Trittsicherheit und Schwindelfreiheit erfordert. Dafür wird der Wanderer mit einem herrlichen Blick auf den Schneeberg und die Rax entlohnt. Auch gibt es auf dem Weg zwei nette Hütten, die zur Jause einladen.

6 Std. **Aufstieg:** 1300 m; **Abstieg:** 1300 m **19 km**

NUR FÜR GEÜBTE

Route: Bhf. Payerbach-Reichenau–Eng–Naturfreundehaus Knofeleben–Krummbachstein–Bodenwiese–Waldburg-Anger-Hütte–Jubiläumsaussicht–Bhf. Payerbach-Reichenau

Einkehr: Naturfreundehaus Knofeleben, Waldburg-Anger-Hütte, in Payerbach

Anreise: Regionalbahn direkt nach Payerbach-Reichenau

Rückreise: Regionalbahn nach Wien

Fahrzeit An- / Rückreise: 1½ Std.

Abbruchsmöglichkeit: keine

Jahreszeit: ganzjährig, außer bei Schneelage und Nässe

Wegmarkierungen: z. T. unmarkiert, rot, gelb, am Ende blau

Höchster Punkt: Krummbachstein (1602 m NN)

Sehenswertes: Naturfreundehaus Knofeleben, Krummbachstein, Jubiläumsaussicht

Karten: ÖK 4212 oder Sonderblatt Schneeberg und Rax, Freytag&Berndt 022, Kompass 210 oder 228

GPS Wegpunkte (33 T): Bhf. Payerbach-Reichenau 0 564778 N 5282865, Eng 0 563788 N 5285083, Naturfreundehaus Knofeleben 0 562204 N 5286875, Krummbachstein 0 562408 N 5287938, Bodenwiese 0 565776 N 5286769, Waldburgangerhütte 0 566139 N 5284576, Jubiläumsaussicht 0 565348 N 5283939

Am Bahnhofsgebäude rechts vorbei geht es rechts über den Parkplatz und an dessen linken Rand dann auf dem Weg bergab. Durch die Unterführung nach rechts bergan, rot und blau markiert. An der Stiege zur Höllentalbahn vorbei und den Güterweg nach links hin auf einen geschotterten, rot markierten Weg verlassen. Diesem bergan Richtung Schneedörfl und Eng folgen. Der Weg wird schmaler und steiler und mündet in eine Straßenkreuzung. Hier weiter geradeaus, vorbei am Café Waldschlössel und unterhalb des Feuerwehrhäuschens geradeaus in den Schneebergweg. Diesem folgen bis rechts ein rot markierter Pfad Richtung Eng abgeht. Auf dem nächsten Forstweg einige Meter nach links und dann gleich wieder rechts auf dem Pfad weiter. Dann über den Marieensteig am Fels entlang, zum Teil ausgesetzt bergan. Hier ist Schwindelfreiheit angesagt. Vorbei an einer Holzriese mit einem Schutzhaus

immer weiter die Eng hinauf. Ein Stück weiter oben den roten Weg verlassen und links weiter den Hang hinauf. Auf dem bald breiter werdenden, gelb markierten Weg weiter, bis dieser wieder schmaler wird. Auf dem Pfad bleiben, auch wenn dieser die Talsohle nach links hinauf verlässt. Es geht nun steil durch den Wald hinauf bis zu einem Forstweg. Diesen rechts hinein und gleich wieder nach links verlassen. Weiter bis zum Schotterweg und auf diesem zum Naturfreundehaus. Unterhalb der Hütte auf grün markiertem Weg hinter der Terrasse in den wunderschonen Wald. An Felsen und schönen Ausblicken vorbei bergan, kurz steil bergab in einen kleinen Sattel und schließlich zum Teil recht steil endlich zum Gipfel hinauf. Die letzten Stellen sind durchaus als alpin zu bezeichnen und erfordern Trittsicherheit. Vom Gipfel aus geht es dem Wegweiser Richtung Edelweiß-Hütte folgend auf grün markiertem Weg bergab. An einer kleinen Schutzhütte vorbei bis zur nächsten Gabelung. Hier nun den grün markierten Weg verlassen und geradeaus in die Weide. Es geht bergab und an einem Gatter vorbei halblinks zu den beiden Hütten hinauf. Dann den Weg hinab und über den Zaun in den Wald. Nun ein Stück recht steil und steinig bergab und auf dem Forstweg dann nach links, rot markiert Richtung Bodenwiese weiter. Den geschotterten Güterweg bald verlassend der Straße folgen, bis es links auf einem rot markierten Pfad weitergeht.

Dieser trifft bald wieder auf den Güterweg und dort links, nun rot und blau markiert. An der nächsten Gabelung rechts ab, wieder nur auf blau markiertem Weg bis zur Bodenwiese. Dort nach rechts am Waldrand entlang Richtung Waldburg-Anger-Hütte, anfangs fast weglos, bald wieder geschottert entlang. Immer auf der Wiese bald bergan zur Hütte.

Eine letzte Rast vorm Abstieg einlegend geht es dann vor der Hütte Richtung Payerbach (1½ Std.) gelb markiert bergab. An der nächsten Gabelung rechts, rot markiert weiter, und dann innerhalb weniger Meter die Farbenlehre fast abschließend, nun der blauen Markierung Richtung Jubiläumsaussicht folgen. Dieser Farbe aber dann auch bis zum Bahnhof treu bleiben. Ein kleiner Abstecher zur Jubiläumsaussicht wird mit einem imposanten Ausblick nach Süden belohnt. Dann ein paar Meter zurück und weiter markiert bergab. Aus dem Wald heraus auf der Straße nach rechts und noch vor der nächsten Linkskurve auf dem Pfad links am Wegrand weiter. Dann die erste Straße queren und dem Pfad im Bogen nach links folgen. Auf der Straße dann rechts weiter und am Ende auf bekanntem Weg bis zum Bahnhof Payerbach-Reichenau.

[38] Wasserleitungsweg durch das Höllental

Entlang der oft wunderschön türkis schimmernden Salza geht es zum Teil gesichert an beeindruckenden Felsen entlang. Diese herrliche Tour erfordert ein kleinwenig Schwindelfreiheit, da man doch ab und zu gesichert am steilen Fels, aber meist in geringer Höhe Wandert.

3½ Std. **Aufstieg:** 375 m; **Abstieg:** 350 m **10,6 km**

Route: Bhf. Payerbach/Reichenau–Reichenau–Hirschwang an der Rax–Kaiserbrunn

Einkehr: Kaiserbrunn

Anreise: Regionalbahn direkt nach Payerbach-Reichenau

Rückreise: Bus 1746 zum Bhf. Payerbach-Reichenau, Regionalbahn nach Wien

Fahrzeit An- / Rückreise: 1½ Std. / 2 Std.

Abbruchsmöglichkeit: keine

Jahreszeit: ganzjährig, immer außer bei Schneelage

Wegmarkierungen:

Höchster Punkt: Schneedörfl (560 m NN)

Sehenswertes: Salza, Wasserleitungsmuseum

Karten: ÖK 4212 oder Sonderblatt Schneeberg und Rax, Freytag&Berndt 022, Kompass 210 oder 228

GPS-Wegpunkte (33 T): Bhf. Payerbach-Reichenau O 564778 N 5282865, Fitnesstour O 563672 N 5283006, Schloss Reichenau O 562934 N 5283239, Beginn Steiganlage O 560457 N 5284703, Rechenbrücke O 560248 N 5285857, Kaiserbrunn O 559399 N 5287098

Am Bahnhofsgebäude rechts vorbei und rechts über den Parkplatz, dann an dessen linken Rand auf dem Weg bergab. Durch die Unterführung rechts bergan, rot und blau markiert an der Stiege zur Höllentalbahn vorbei. Den Güterweg bald nach links verlassen und auf dem geschotterten, rot markierten Weg hinauf Richtung Schneedörfl und Eng weiter. Der Weg wird zum Pfad und mündet in eine Straßenkreuzung. Geradeaus, am Café Waldschlössel vorbei und unmittelbar nach dem Marterl rechter Hand gleich links und nochmals links, den Artzbergweg unmarkiert hinab. An dessen Ende geht es im Bogen nach rechts in den Wald hinein. Im Wald dann gleich rechts bergab und an Stationen der Fitnesstour vorbei, dem schwarzen

Pfeil auf grünem Grund folgend. Auf gut sichtbarem Weg, teils über zahlreiche Wurzeln hinab. Dann nach Tafel Nr. 19 links und gleich wieder rechts bergab. Bald die Gleise queren und in der Folge links Richtung Artzbergweg bis auf den Radweg

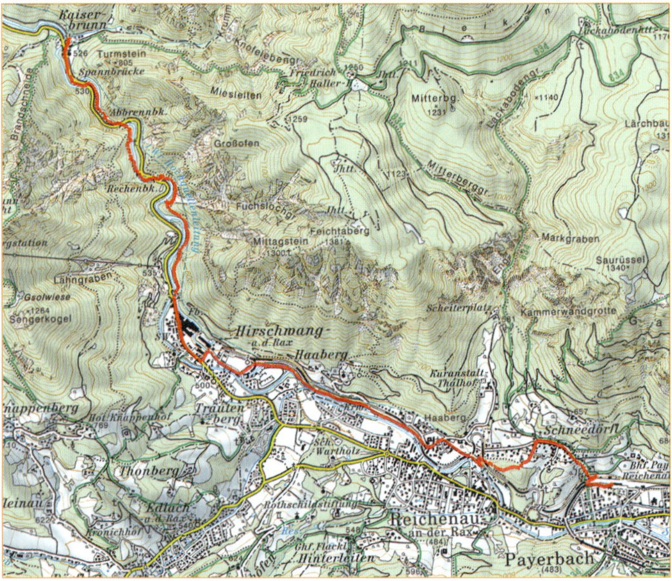

am Fluss. Diesem dann nach rechts unter der Eisenbahn hindurch folgend, und auf einem kleinen Bogen nach rechts vom Bach weg Richtung Schlossstuben. Dem Wassergraben nach bis zum Wegweiser des Wiener Wasserleitungswanderweges. Auf diesem nach links und an der Kirche und dem Schloss vorbei. Nach dem Schloss rechts in die Hirschwangstraße. Die Gleise queren und dann dem Bach auf geschottertem Pfad, später auf dem Radweg folgen. Es geht nun mal rechts, mal links der Gleise eben dahin. Nach einiger Zeit dem Wiener Wasserleitungsweg folgen, die Gleise queren und geradeaus wieder zum Fluss hin. Vorm Bach nach rechts und am Industriekomplex links zur Straße hin. Auf dieser dann nach rechts.

Direkt vor der Brücke, nun endlich die Zivilisation zurücklassend, rechts ab auf eine „alpine Steiganlage". Dieser folgend geht es zum Teil über versicherte Stellen bergauf und bergab, stets mit tollen Ausblicken auf den Fluss und die umgebenden Felsen. Auch geht es an schönen Raststellen vorbei. An der Rechenbrücke geht es rechts vorbei, dann die Straße queren und einen Rastplatz passieren ans östliche Ufer der Schwarza. Ein gutes Stück bergauf und dann auch wieder bergab, führt der Weg erst durch Forst und dann eben an der Straße entlang. Diese wieder queren und dann nach dem Geländer rechts hinab, wieder auf einem Pfad weiter. Über die nächste Brücke und dann links der Straße weiter bis Kaiserbrunn. Hier hat man einen tollen Ausblick auf Rax, Schneeberg und Krummbachstein und die Möglichkeit, die Tour zum Beispiel im Wasserleitungsmuseum ausklingen zu lassen, bevor es mit dem Bus zurück zum Bahnhof geht.

[39] Bahnwanderweg von Semmering nach Gloggnitz

Auf dieser Wanderung gibt es kaum eine nicht sehenswerte Stelle. Vorbei an den Viadukten des Weltkulturerbes Semmeringbahn geht es in unmittelbarer Nähe von beeindruckenden Felsen und an malerischen Landschaften vorbei. Sicher ein Höhepunkt ist der „20-Schilling-Blick", der seinen Namen von der alten Banknote hat, auf welcher diese Aussicht abgebildet war. Aber auch die zahlreichen weiteren Ausblicke auf Berg und Tal sind meist beeindruckend. Immerhin sieht man die schönsten Gipfel der Wiener Hausberge auf der Strecke.

6 Std. **Aufstieg:** 875 m; **Abstieg:** 1325 m **24,5 km**

Route: Semmering Bhf.–Bhf. Gloggnitz

Einkehr: in Semmering, Breitenstein oder Gloggnitz

Anreise: am besten mit dem Railjet Richtung Graz

Rückreise: Regionalbahn nach Wien

Fahrzeit An- / Rückreise: 1¼ bis 2½ Std.

Abbruchsmöglichkeit: Bhf. Wolfsbergkogel, Bhf. Breitenstein, Bhf. Klamm, Bhf. Eichberg

Jahreszeit: ganzjährig

Wegmarkierungen: Die ganze Tour ist gut markiert mit der Beschilderung des Semmeringbahn-Wanderweges.

Höchster Punkt: kurz nach dem Bahnhof Semmering (920 m NN)

Sehenswertes: Zauberberg in Semmering, Viadukte der Semmeringbahn, 20-Schilling-Blick, Klamm, zahlreiche Aussichten, Gloggnitz

Karten: ÖK 4212 oder Sonderblatt Schneeberg und Rax, Freytag&Berndt 022, Kompass 210 oder 228, Karte zum Weg im Bahnhof Semmering

GPS-Wegpunkte (33 T): Bhf. Semmering O 562408 N 5276612, Kurhaus Semmering, O 562002 N 5277874, 20-Schilling-Blick O 561848 N 5278134, vor der kalten Rinne O 560517 N 5278298, Bhf. Breitenstein O 561616 N 5278826, Klamm O 565161 N 5278986, schlechte Markierugn auf der Hochstraße O 568098 N 5279343, Bhf. Eichberg O 568416 N 5280231, Schloss Gloggnitz O 569728 N 5280440, Bhf. Gloggnitz O 571039 N 5280885

Am besten durch das Bahnhofsgebäude hindurch und die kleine Ausstellung zur Semmeringbahn anschauen. Auch lohnt sich die gute Karte mit tollen Informationen zum Wanderweg, der sich eigentlich von Mürzzuschlag bis Payerbach oder Gloggnitz zieht. Dann durch den Bahnhof hindurch und auf der anderen

Seite erst links und gleich wieder rechts die Rampe hinauf. Von hier aus mit der Markierung des Bahnwanderweges beschildert weiter geradeaus, Richtung Bahnhof Breitenstein. Den Gleisen entlang, am Spielplatz vorbei und bald rot markiert durch eine Unterführung rechts der Gleise weiter. An einem ersten kleinen Viadukt vorbei geht es bald hinauf und am Bahnhof Wolfsbergkogel vorbei, nun über die Gleise und dann über den Tunnel nach rechts in den Wald das alte Kurhaus Semmering passieren. Nun erst auf dem Güterweg, dann nach rechts zur Aussichtswarte auf einem Pfad weiter. Nach Besteigung der Warte wieder an dieser vorbei hinab, links weiter und eben durch den Wald zum 20-Schilling-Blick. Dann den Wolfsbergkogel fast umrunden und an der Villa Daheim ein Stück nach links die Straße entlang. In der Rechtskurve auf dem Pfad nach rechts weiter, bis es wieder auf einer Straße nach rechts den Geiger-Weg hinab geht. Am Golfhaus Geiger und dann am Ausschank Hinterholz vorbei steigt man bald hinab zum Adlitzgrabenviadukt. Dieses wird bergan auf der Straße durchschritten, bevor es rechts, Richtung Bhf. Klamm weitergeht. Direkt oben am Viadukt dann links, am Rastplatz vorbei und oberhalb des Steinschlagschutzes erst steil bergan, dann sanft bergab. Nach der nächsten Biegung nach links kann man den Ausblick auf die Polleroswand genießen, bevor man zu einem weiteren Highlight der Tour gelangt.

Bald schon rückt die Kalte Rinne mit zugehörigem Viadukt ins Blickfeld. Es geht hinab zur Straße und hier trennen sich die Wege „Wiener Alpenbogen" und Semmering Bahnwanderweg. Es geht auf der Straße rechts weiter bergab, unter dem Viadukt hindurch und am Krauselklauseviadukt vorbei nach Breitenstein. Nun über den Heidbach gleich links in die Semmeringstraße einbiegen. Diese aber gleich wieder über den Bach verlassen und nochmals links auf dem Pfad Richtung Bahnhof Breitenstein. Die nächste Straße wieder links und im Bogen nach rechts, an Spielplatz und Kirche vorbei und geradeaus in die Lindenstraße. Am Ende der Straße in den Wald und sobald man wieder auf

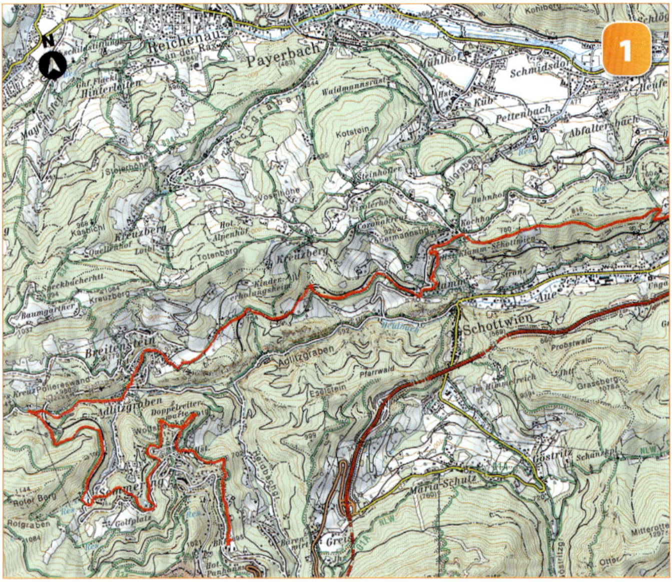

eine Straße trifft, dieser links bergan folgen. Am Tunnel vorbei kommt man gerade in die untere Bahnstraße. Nun markiert weiter, bis es an einem Hof nach links auf der Blauer Einschnittstraße Richtung Klamm bergab geht. An weiteren Viadukten vorbei,

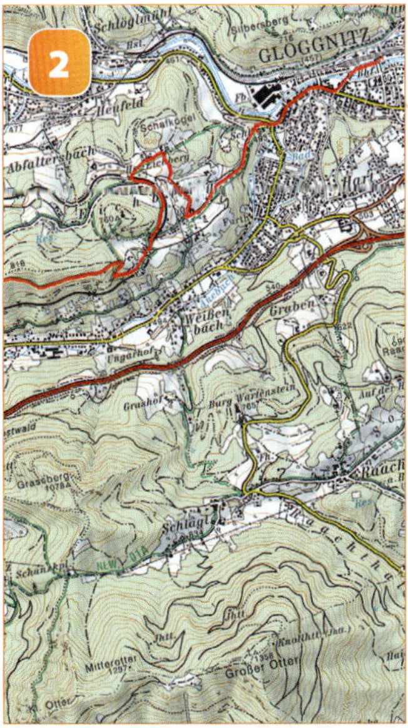

mit herrlichen Aussichten auf Klamm und die Ruine führt die Wanderung über den Musikerweg in das Dorf Klamm hinein. Vor Kirche und Ruine dann links Richtung Bahnhof und auf den Deiningerweg nach rechts. Bald am Bahnhof Klamm vorbei auf der Straße bergauf und auf der Klammer Straße nach rechts. An der Klammer Kapelle dann rechts auf der geschotterten Eichbergstraße Richtung Gloggnitz weiter. Nun auf einem recht langen, aber einfach zu gehenden Stück kaum beschildert geradeaus, der roten Markierung folgen. Den Wald im

Bogen nach rechts verlassen auf dem Güterweg hinab, dem grünen Laufrundenpfeil folgen. Vor dem nächsten Haus dann links und weiter im Bogen nach rechts, bis es wieder links und an den Gleisen entlang, nun besser beschildert, weitergeht. Ein Stück im Wald bergan hat man bald eine gute Aussicht auf Gloggnitz. Am Bahnhof Eichberg gelangt man durch die Unterführung an das Ziel der Wanderung. Erst an einem Haus, dann an einem Marterl vorbei bleibt man nun auf der Straße und folgt der Beschilderung nach Eichberg und weiter bis zum Schloss Gloggnitz. Unterhalb des Schlosses, welches einen Abstecher lohnt, geht es rechts bergab. Die nächste Straße queren, dann nimmt man den Fußweg Richtung Stadtzentrum bis man die Hauptstraße entlang geht. Nach links in die Bahnhofstraße einbiegen und die Schwarza überqueren. Dann ein kleines Stück noch bis zum Ziel, dem Bahnhof Gloggnitz.

[40] Auf den Sonnwendstein über den Gebirgsjägersteig

Diese Tour führt mit sportlichem Anstieg (Trittsicherheit und Schwindelfreiheit sind Voraussetzung) über den Gebirgsjägersteig zum Sonnwendstein. Von hier aus genießt man an klaren Tagen wohl eine der schönsten Aussichten am Alpenrand. Nach Norden sieht man Schneeberg und Rax, nach Osten über das wesentlich niedrigere Tiefland und nach Süden und Osten fallen die Blicke auf Hochwechsel und Stuhleck. Zusätzlich bietet das zweite Ziel, der Hirschenkogel, nicht nur eine weitere tolle Aussicht sondern auch allerhand sportliche Betätigung und gleich mehrere Abstiegsmöglichkeiten für mehr oder weniger Gemütliche.

5 Std. **Aufstieg:** 1225 m; **Abstieg:** 1225 m **18 km**

NUR FÜR GEÜBTE

Route: Bhf. Semmering–Maria Schutz–Gebirgsjägersteig–Sonnwendstein–Erzkogel–Dürriegel–Hirschenkogel–Bhf. Semmering

Einkehr: in Semmering sowie in der Pollershütte, dem Liechtensteinhaus und der Enzianhütte

An- und Rückreise: am besten mit dem Railjet Richtung Graz / Wien

Fahrzeit An- / Rückreise: 1¼ bis 2½ Std.

Abbruchsmöglichkeit: auf dem Hirschenkogel mit der Seilbahn

Jahreszeit: ganzjährig, außer bei und nach starkem Regen und Schneelage

Wegmarkierungen: am Anfang und Ende der Tour grün, Sondermarkierung am Gebirgsjägersteig, lila auf dem Dürriegel

Höchster Punkt: Sonnwendstein (1523 m NN)

Sehenswertes: Gebirgsjägergedächtniskapelle, Zauberberg, zahlreiche grandiose Ausblicke in alle Himmelsrichtungen

Karten: ÖK 4212, Freytag&Berndt 022, Kompass 210 oder 228

GPS-Wegpunkte (33 T): Bhf. Semmering 0 562408 N 5276612, Kreisverkehr Semmering 0 562339 N 5275817, Wegkreuz 0 563390 N 5275674, Maria Schutz 0 565092 N 5276870, Sonnwendstein 0 564637 N 5275502, Erzkogel 0 564427 N 5274676, Hirschenkogel 0 562622 N 5274668, Enzianhütte 0 562301 N 5275377

Am Bahnhofsgebäude geht es links vorbei und direkt gegenüber den Fußpfad in Serpentinen hinauf. Allerdings nicht in Richtung Payerbach-Reichenau, sondern weiter hinauf mit dem Ziel Passhöhe, Berglift Hirschenkogel. Dann die Straße queren

und auf dem Bündsdorfweg weiter bergan bis zur Straße. Dieser dann nach rechts folgen und Niederösterreich verlassen. Bald geht es in der Steiermark dann vor dem Verkehrskreisel nach links, an Bars, Restaurants und der Talstation des Lifts vorbei auf der rot-weiß-rot und grün markierter Carolusstraße. Es geht nun bergan, am Sonnwendthof vorbei und nach dem Sporthotel rechts am Parkplatz entlang. An dessen Ende auf dem kleinen Steig Richtung Maria Schutz nun bergab in den Wald und an einigen Felsen vorbei. Nach einigen Kehren geht es auf einem breiteren Güterweg ein Stück bergan bis zu einem markanten Kreuz auf einem kleinen Felsen rechts des Weges. Dieses bietet eine erste gute Aussicht auf Schneeberg und Rax. Dann grün markiert weiter bergab Richtung Maria Schutz. Bald trifft man wieder auf einen Güterweg, wo sich die Möglichkeit bietet, der blauen Markierung nach rechts zu folgen und die Tour um 300 Höhenmeter und zirka einen Kilometer abzukürzen und weiter oben auf dem Gebirgsjägersteig zu beginnen. Der schönere Weg biegt allerdings vom Güterweg gleich wieder links ab und ist anfangs wieder rot-weiß-rot und grün markiert. Im weiteren Verlauf verschwindet die grüne Markierung und es geht rot markiert hinab, eine neue Straße queren bis an den Ortsrand von Maria Schutz. Am Ende des asphaltierten Platzes dann auf dem Gebirgsjägersteig, zum Teil mit grünem Quad-

rat oder kleiner Plakette markiert bergauf. Ganz nebenbei, die Gewinner des Berglaufs am Gebirgsjägersteig 2012 und 2013 haben für den ganzen Steig unter 30 Minuten gebraucht. Also, frisch motiviert geht es nun, erst recht steil und wieder die neue Straße querend dann ein Stück ebener hinauf. Hier biegt auch der als Abkürzung angesprochene, blau markierte Güterweg

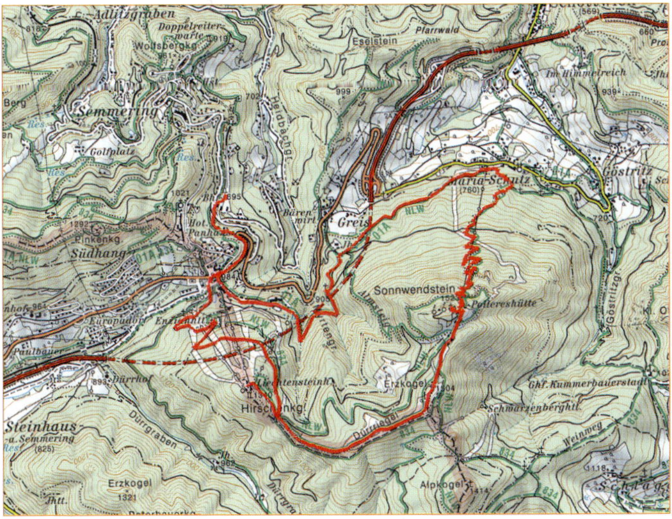

ein. Weiter bergan, bald steiler werdend und an Felsen vorbei geht es stets in Serpentinen hinauf bis zur Pollershütte. Direkt an der Hütte hat man eine wirklich beeindruckende Aussicht ins tiefe Alpenvorland bis nach Ungarn hinein. Auch der Ausblick auf Hochwechsel und Stuhleck ist fantastisch. Weiter geht es dann, wieder bergauf auf den Gipfel des Sonnwendsteines mit der kleinen Gebirgsjägerkapelle. Hier ist die Aussicht nach Norden mit Schneeberg und Rax genauso malerisch. Nun zurück zur Hütte und vor dieser auf dem geschotterten Güterweg nach rechts hinab Richtung Feistritzsattel. An der Peterhütte vorbei und der Gabelung nach links auf dem Kammweg weiter, rot und rot-weiß-rot markiert. An der nächsten Gabelung den links abgehenden, markierten Weg wieder verlassen und geradeaus bergan weiter. Bei der folgenden Gabelung den mittleren, unmarkierten Pfad hinauf zum Erzkogel nehmen und zum mit Gipfelkreuz gekrönten Zwischengipfel weiter, auf oder rechts unterhalb des Kammes auf dem Hochalmweg, nun lila markiert dahin. Erst flach über den Dürriegel, dann im Wald steiler bergab. Am Ende des Pfades auf einen Güterweg. Diesem erst nach rechts hinauf an der Roller-„Familienroute“ des Zauberbergs entlang folgen. Oben auf dem Hirschenkogel hat man dann alle Möglichkeiten zur Zerstreuung. Das Liechtensteinhaus bietet Bewirtung, die Milleniumswarte eine weitere, tolle Aussicht und

es gibt hier zahlreiche interessante Möglichkeiten, den Abstieg zu verkürzen. Warum nicht einmal mit einem Offroad-Roller hinab, oder für ganz gemütliche Wanderkameraden natürlich mit dem Lift hinunter. Fällt die Wahl auf die eigenen Beine geht es den geschotterten Güterweg zurück bis zur Kreuzung und dann auf dem Weg nach links bergab. Diesem breiten Güterweg einfach bis zum Dorfeingang Semmering folgen. Erst unter der Mountainbike-Strecke hindurch, dann die Lifte passieren bis es im unteren Teil noch an der Enzianhütte vorbei auf eine Straße und bald auf einen Parkplatz geht. Diesen queren und dann, an Billa und dem Verkehrskreisel vorbei auf bekanntem Weg bis zum Bahnhof.

Register